Riesengroße Fensterbilder
Lustige Motive mit Vorlagen

Friederike Sax

Riesengroße
Fensterbilder
Lustige Motive mit Vorlagen

Inhaltsverzeichnis

Vorwort

Mit den von mir entworfenen Fensterdekorationen können sich Ihre Fenster im wahrsten Sinn des Wortes sehen lassen, egal ob Sie in der ersten oder dritten Etage wohnen. Verwandeln Sie einfach Ihr Fenster in ein Schaufenster, oder nutzen Sie die Glasfläche als Anzeiger Ihrer ganz persönlichen Ereignisse.
Ich wünsche Ihnen viel Spaß an und mit diesem Buch.

Friederike Sax

Material

Bei dem verwendeten Material habe ich immer darauf geachtet, daß alles ohne Probleme in Baumärkten, Bastelläden oder Schreibwarengeschäften erhältlich ist. Nichts kann den Anfang einer Bastelarbeit mehr verleiden als die umständliche Besorgung von ausgefallenen Materialien.
Als Grundmaterial habe ich immer weiße oder bunte Pappe in den handelsüblichen Maßen 50 x 70 cm verwendet. Um bei meinen späteren Angaben zu jedem Fensterbild bezüglich des Materials Wiederholungen zu vermeiden, ist bei einer großen Pappe immer dieses Maß gemeint.
Hilfreiche Zusatzmaterialien bei den bunten Fensterbildern sind Tonpapier, Tapetenreste und buntes Geschenkpapier. Zur weiteren Ausschmückung eignen sich Borten- und Spitzenreste sowie Federn, Glitzersteinchen, Pailletten, Filz, Wollfäden, Dekorationsringe, Transparentpapier, Silber- und Goldpapier, Trocken- und Stoffblumen und dünne Rundstäbe.
Für die Bemalung schlage ich Bastelfarben, Wasserfarben oder Filzstifte vor. Als Klebstoff empfehle ich einen normalen Alleskleber ohne Lösungsmittel. Für die spätere Anbringung der Fensterbilder wird ein Klebstreifen benötigt, der aber kristallklar sein sollte.

Einige Fensterbilder haben bewegliche Teile; um diese möglichst unsichtbar aufhängen zu können, habe ich Nylonfäden oder Angelsehne verwendet. Wie schon erwähnt, finden Sie zu jedem Fensterbild eine gesonderte Materialaufstellung.
Generell gilt aber, daß alle Materialien durch andere ersetzt werden können, meine diesbezüglichen Angaben sind lediglich Vorschläge.

Werkzeuge

Unbedingt notwendig sind ein scharfes Messer und eine schnittfeste Unterlage. Gute Erfahrungen habe ich mit einem sogenannten Grafikermesser und einem Skalpell gemacht. Letzteres wird meist für die Airbrushtechnik verwendet. Beide Messer sind im Baumarkt oder Bastelladen erhältlich. Es gibt verschiedene Klingentypen; verwenden Sie bitte nur Spitzklingen.
Beachten Sie unbedingt den Hinweis, daß diese Messer wegen der Verletzungsgefahr nicht in Kinderhände gehören.
Auch eine gute Papierschere, Nagelschere oder ein Cuttermesser eignen sich bestens zum Ausschneiden Ihres Fensterbildes.
Vermeiden Sie es, den Wohnzimmertisch als schnittfeste Unterlage zu benutzen. Viel besser eignet sich eine ausgediente Kleiderschrankrückwand bzw. eine Hartfaserplatte – als Rest im Baumarkt erhältlich. Diese Platte sollte möglichst 10 cm größer sein als die Pappe, also 60 x 80 cm.
Weiter benötigen Sie noch ein Lineal, einen Bleistift, Anspitzer und Radiergummi sowie einen breiten und einen feinen schwarzen Filzstift.

Tips und Tricks

Sie werden mehrfach den Hinweis auf Tapetenreste finden. Sie müssen aber nicht eine ganze Rolle kaufen. Fragen Sie einfach bei Ihrem Maler nach, ob Sie eines der ausgemusterten Tapetenbücher bekommen können. Es läßt sich auch ein Kartoffelnetz als Hutbespannung zweckentfremden; siehe dazu das Fensterbild Gänseliesel. Für die Knallbonbons bei dem Fensterbild Silvester habe ich z. B. die Kernrolle vom Toilettenpapier verwendet. In vielen Verpackungen des Hausgebrauchs finden Sie wertvolle Materialien, die sich zur Ausschmückung Ihres Fensterbildes eignen. Wer ein waches Bastlerauge besitzt, kann mit wenig Geld die schönsten Dekorationen erstellen.
Allen ungeübten Bastelfreunden und Einsteigern sind die folgenden Zeilen gewidmet.

Das Vergrößern und Übertragen der Vorlage

Emsig wie eine Biene haben Sie sich nun alles besorgt, woraus Sie ein Fensterbild gestalten wollen. Um die Herstellung Ihres Musters zu erleichtern, sind alle meine Musterschablonen auf einem Raster abgebildet. Jedes abgedruckte Quadrat entspricht einer Originalgröße von 10 x 10 cm.
Ihre Aufgabe besteht nun darin, auf einen Bogen Papier, der das Pappmaß von 50 x 70 cm haben sollte, dieses Raster einzuzeichnen. Sie können auch mehrere kleine Bogen Papier zu diesem Maß zusammenkleben. Auf diesen Rasterbogen übertragen Sie dann das Motiv, auch mit den inneren Einzeichnungen, und fertig ist Ihre Musterschablone. Falls Sie das Motiv kleiner haben möchten, zeichnen Sie statt der 10 x 10 cm großen Kästchen beliebig kleinere. Nun übertragen Sie das Motiv Ihrer Musterschablone auf die Pappe oder das Tonpapier. Entweder färben Sie dazu vorher die Rückseite Ihrer Schablone mit einem Bleistift schwarz ein, oder Sie legen zwischen Pappe oder Tonpapier und der Schablone ein entsprechend großes Pauspapier.
Da die zweite Methode äußerste Sorgfalt erfordert, weil die Pappe durch das Pauspapier leicht verfleckt, rate ich zur ersten Technik.

Liegt nun die Pappe mit dem Motiv vor Ihnen, werden bei den scherenschnittartigen Mustern, z. B. dem Sterntaler, alle dick schwarz gekennzeichneten Felder und Linien ausgeschnitten.
Mein Rat: Schneiden Sie zuerst alle inneren Felder aus und am Ende den äußeren Umriß des Musters. Bei umgekehrter Reihenfolge besteht die Gefahr, daß das Motiv während des Innenschnittes verknickt oder einreißt. Auch bei den bunten Fensterbildern finden Sie auf der Musterschablone große schwarze Felder, die Sie ausschneiden müssen, oder Linien, die Einschnitte kennzeichnen. Kleine, runde, schwarze Punkte markieren auf der Musterschablone spätere Einstichstellen, um z. B. einen Nylonfaden durchzuziehen. Alle offen umrahmten Felder sind Begrenzungen zum Bekleben oder zur Bemalung.

Die Materialwahl

Haben Sie sich für ein buntes Fensterbild entschieden, können Sie verschiedene Techniken anwenden. Die erste Möglichkeit wäre, die Figur zu bemalen. Da aber nicht jedem der Umgang mit Farben liegt, bietet sich hier die zweite Möglichkeit an, bei der Sie einfach die Farbe durch Tonpapier, Geschenkpapier oder Tapete ersetzen. Dabei helfen Ihnen die inneren Begrenzungsstriche, mit deren Hilfe Sie z. B. die Schürze oder das Gesicht herauspausen, auf buntes Papier bringen und auf das entsprechende Feld Ihrer Pappfigur kleben.
Die Lippen und Augen können mit Filzstift, Wasserfarbe oder Bastelfarbe aufgemalt werden. Wer aber auch davor zurückschreckt, schneidet einfach aus rotem Tonpapier den Mund bzw. aus schwarzer und weißer Pappe die Augen aus und klebt sie auf das Gesicht.
Besonders reizvoll und plastisch ist die Kombination aller Techniken.
Sollte Ihnen bei der Herstellung Ihres Fensterbildes ein kleines Mißgeschick unterlaufen, verfallen Sie nicht gleich in Panik. Alles läßt sich wieder richten. Eine aus Versehen abgeschnittene Hand kleben Sie z. B. auf der Rückseite mit einem Klebstreifen wieder an. Ein Klecks auf dem Kleidchen der Pappfigur? Überhaupt nicht tragisch! Kleben Sie ein Stück Tonpapier auf, und imitieren Sie so einen dekorativen Flicken. Durch das Bekleben und Bemalen kommt es vor, daß sich die Pappe wellt oder hebt.
Mein Tip: Legen Sie ein Geschirrtuch über die Pappe, und bügeln Sie mit dem Bügeleisen vorsichtig von links und rechts darüber, solange bis alles glatt ist.

Die Anbringung

Am Ende liegt das Produkt vor Ihnen, das Sie mit Stolz betrachten dürfen. Jetzt können Sie sich dem Thema Anbringung der Fensterbilder zuwenden: Wichtig vorab! Das Fenster sollte sauber und vor allem fettfrei sein. Die Fotos von jedem Fensterbild geben Ihnen Hilfestellung, wie die Anordnung der einzelnen Elemente möglich ist. Doch auch das sind nur Vorschläge. Kombinieren Sie ruhig einmal die verschiedenen Fensterbilder miteinander.

Bleiben wir aber bei der Anbringung. Ich selbst bevorzuge die Verwendung von kristallklaren Klebstreifen. Zuerst schneide ich mehrere ca. 2 bis 3 cm lange Stücke ab; damit klebe ich die einzelnen Teile auf die Scheibe, und zwar so, daß die Klebstreifen zur Hälfte längs am Motiv kleben und zur anderen Hälfte an der Scheibe. Bei einer Figur reichen, verteilt, vier bis fünf Klebstreifen.

Beachten Sie bitte die Reihenfolge beim Festkleben: Wenn Sie Zäune oder Gras bzw. verschiedene Teile hintereinander aufkleben, muß alles, was von außen vollständig zu sehen sein soll, zuerst aufgeklebt werden. Beim Ankleben der Schrift ist ein Umdenken erforderlich. Damit der Schriftzug von außen richtig zu lesen ist, müssen Sie alles seitenverkehrt von innen anbringen.

Irgendwann haben Sie sicher die Absicht, Ihr Fensterbild wieder zu entfernen. Schade wäre es um die schöne Arbeit, wenn das Fensterbild durch falsches Abdekorieren Schaden nähme. Schneiden Sie deshalb vorsichtig, dort wo die Klebstreifen sind, mit dem Messer am Rand der Figur entlang. Bitte reißen Sie den an der Pappe verbliebenen Teil des Klebstreifens nicht ab. Sollten Sie das Fensterbild irgendwann wieder anbringen wollen, kleben Sie einfach auf den alten Klebstreifen einen neuen, den Sie dann später bei Abnahme mühelos abziehen können.

Ein paar Worte noch zu den Fensterbildern mit den beweglichen Elementen.

Auch hier bieten sich verschiedene Möglichkeiten, diese aufzuhängen. Um den Fensterrahmen zu schonen, kaufen Sie eine Gardinenstange nach Maß Ihres Fensters und zwei Klebehaken. Bringen Sie alles so an, daß die Stange in der Mitte des oberen Fensterrahmens verläuft. An die Stange können Sie nun die beweglichen Teile hängen. Wer weniger Rücksicht auf den Rahmen nehmen muß, verwendet Heftzwecken oder Klebstreifen.

Der passende Rahmen

Was wäre ein Bild ohne den entsprechenden Rahmen? Zur Abrundung einiger Fensterbilder gehört eine passende Beleuchtung einfach dazu, vor allem im Winter. Um das zu realisieren, benötigen Sie eine Minilichterkette, die es zur Weihnachtszeit in allen Kaufhäusern gibt.

Aber auch zu allen anderen Zeiten können Sie eine Lichterkette in fast jedem Elektronikfachgeschäft kaufen. Es gibt diese Ketten in verschiedenen Längen und mit unterschiedlich vielen Lichtern. Bevor Sie sich zum Kauf einer Kette entschließen, messen Sie Ihren inneren Fensterrahmen aus. Dann entscheiden Sie sich, ob Sie eine Kette mit 20, 30 oder 50 Lichtern haben möchten; es gibt sogar Ketten mit 120 Lichtern.

Die Anbringung ist äußerst einfach. Sie besorgen sich doppelseitige Klebepads, die Sie auf den möglichst fettfreien inneren Fensterrahmen, in den von Ihnen gewählten Abständen kleben. Um gleiche Abstände für die Lichter zu bekommen, nehmen Sie das gesamte „Rundummaß" des inneren Fensterrahmens und teilen es durch die Anzahl der Lichter. Danach kleben Sie jedes Lämpchen mit der flachen Stelle am Sockel auf die Klebepads. Achten Sie bitte darauf, daß die Zwischenkabel nicht verdreht sind. Vermeiden Sie auch zu starkes Spannen, da sich sonst die Lämpchen selbständig machen. Am besten lassen Sie zwischen den Lichtern kleine Schlaufen stehen, die aber von außen nicht sichtbar werden dürfen. Die einzelnen Lichter müssen so geklebt sein, daß nur die Birnchen in die Fensterscheibe hineinragen. Vergessen Sie nicht, vor der Anbringung zu prüfen, auf welcher Seite sich eine Steckdose befindet. Die Lichterkette endet nämlich kreisförmig mit zwei Kabeln in einem Stecker.

Ihr Fensterbild benötigt nicht 24 Stunden lang eine Beleuchtung, sondern vornehmlich zu dunklen Tageszeiten wie morgens und abends. Um das bequem zu steuern, schalten Sie eine Zeitschaltuhr zwischen Lichterkette und Steckdose.

Märchenhafte Fensterbilder

Sterntaler

Materialbedarf:
2 große weiße Pappen; Silber- und Goldfolie; Nylonfaden und Klebstreifen

Anleitung:
Nachdem Sie das Fensterbild von Ihrer Musterschablone auf die Pappe übertragen haben, schneiden Sie zuerst alle inneren vollen Felder und Linien aus, dann die äußeren Umrisse. Das Muster für die Sterne und Taler legen Sie auf die Gold- und Silberfolie, dann zeichnen Sie einige Sterne und Taler auf und schneiden sie aus. Die Menge richtet sich nach Ihrem Geschmack und der Größe Ihres Fensters. Taler und Sterne werden dann auf vier Nylonfäden aufgereiht und an den oberen Enden durch kleine Löcher an den Wolkenrand gehängt. Zum Schluß wird alles mit Klebstreifen an das Fenster geklebt. (Vorlagen S. 18)

Frau Holle

Materialbedarf:
3 große weiße Pappen; Watte; weißes Nähgarn und Klebstreifen

Anleitung:
Schneiden Sie Frau Holle, die Häuserreihe und Wolken aus den Pappen aus, immer zuerst alle inneren vollen Felder und Linien. Dann schneiden Sie zehn Fäden vom Nähgarn ab und reihen Watteflöckchen auf. Die oberen Garnenden ziehen Sie durch die zehn kleinen Löcher im unteren Kopfkissenrand und verknoten das Garn. Die Häuserreihe ist zweiteilig und wird am Fenster zusammengeklebt. (Vorlage S. 16)
Die Häuserreihe kann verkürzt oder verlängert werden; dazu lassen Sie einfach Häuser weg bzw. fügen Häuser hinzu. Ebenso können Sie das Fensterbild mit mehr Wolken dekorieren. (Vorlagen Wolken S. 20)

Aschenputtel

Materialbedarf:
3 große weiße Pappen; Nylonfaden und Klebstreifen

Anleitung:
Bei der Figur, den Tauben und dem Fensterrahmen
schneiden Sie innen alle vollen Felder und Linien aus,
nachdem Sie Ihre Musterschablone auf die Pappen
übertragen haben.
Alle fliegenden Tauben bekommen einen Nylonfaden.
Zwei Tauben werden mit den Fäden in zwei kleine
Löcher an den Pappfensterrahmen gehängt. Eine
Taube hängen Sie so in das Fenster, daß sie in der
Mitte des Pappfensters schwebt.
Die letzte Taube sollte hinter Aschenputtel gehängt
werden. (Vorlagen S. 17)

Elfen

Materialbedarf:
4 große weiße Pappen; Klebstreifen

Anleitung:
Dieses Fensterbild bedarf besonders viel Sorgfalt.
Nachdem Sie Ihre Musterschablonen auf die Pappen
übertragen haben, schneiden Sie alle inneren vollen
Felder und Linien aus. Gras, Elfen und seitliche Blumen
sind als Musterschablone nur einmal vorhanden.
Um alles seitenverkehrt zu erhalten, schneiden Sie die
Motive zweimal aus und drehen später eine Partie
um. Voraussetzung dafür ist allerdings, daß die Pap-
pen auf beiden Seiten gleich sind.
Die mittlere Blume ist zweiteilig; die Nahtstelle kleben
Sie, wenn das Fenster dekoriert wird, hinter die beiden
Hände der Elfen, die die Blumen halten. (Vorlagen S. 19)

Nils Holgerson

Materialbedarf:
3 große weiße Pappen; Tonpapier in den Farben Hell-
grün, Ocker, Mittelgrün, Olivgrün, Grau und Khaki;
Filzstifte in Rot und Schwarz; Bastelfarben in Ocker,
Braun, Rotbraun, Blau, Gelb, Rosa, Grau, Gold und
Orange sowie Klebstreifen

Anleitung:
Die Gans, den Nils, das Haus und die Wolken stellen
Sie aus Pappe her. Der Gans malen Sie einen orange-
farbenen Schnabel. Alle gekennzeichneten Stellen
schneiden Sie aus und machen an der markierten
Stelle des vorderen Flügels vorsichtig einen Einschnitt.
Alle Konturen, auch das Haus und der Nils, werden
mit schwarzem Filzstift gemalt. Nils Holgerson wird
komplett bemalt; die Schuhe braun und rotbraun, die

Beine, das Gesicht und die Hände rosa. Der Anzug und die Mütze werden blau und gelb, die Haare ocker, und der Mund wird rot.

Das Hausdach malen Sie grau aus, die Front unter dem Dach und die Tür rotbraun, die Fensterrahmen rot und den Türring goldfarben. Anschließend schneiden Sie die Landschaft aus verschiedenfarbigem Tonpapier aus.

Wenn Sie am Ende das Fensterbild ankleben, setzen Sie Nils Holgerson auf die fliegende Gans und stecken die abgeschnittene Hand in den Einschnitt am Flügel. (Vorlagen S. 20 + 21)

Anmerkung:

Die Landschaft kann beliebig erweitert oder gekürzt werden. Statt Bemalung können Sie für den Nils auch entsprechend farbiges Tonpapier nehmen und die Figur damit bekleben.

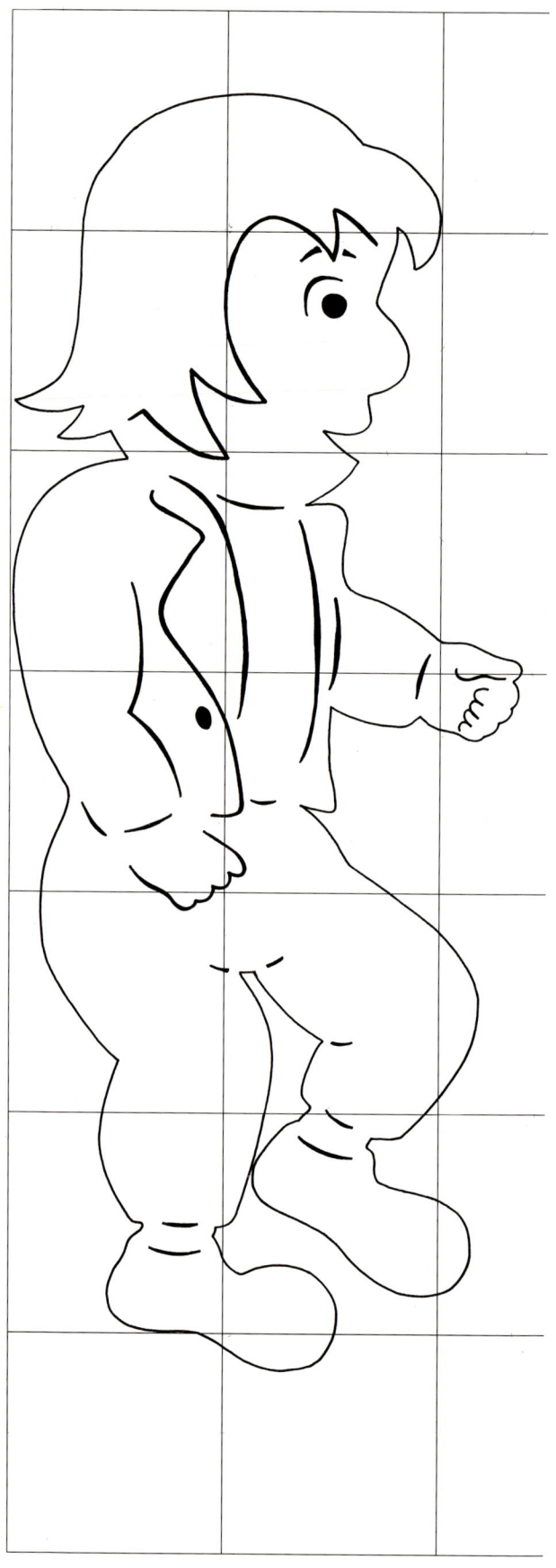

Max und Moritz

Materialbedarf:
2 große weiße Pappen; 1 kleiner Angelhaken mit
Angelsehne; 1 Bastelstrohhalm (Länge ca. 43 cm);
Klebstreifen

Anleitung:
Beide Figuren, das Hausdach und das Huhn, werden
vom Muster auf die Pappen übertragen. Anschließend
schneiden Sie wieder alles Innere aus, erst dann die
äußeren Umrisse.
Den Bastelhalm ziehen Sie vorsichtig durch die Hände
des Max, an das obere Ende hängen Sie die Angelsehne mit dem Haken und befestigen alles, indem Sie
einen Klebstreifen rundum kleben.
An den Angelhaken stecken Sie das Huhn; es sollte
frei baumelnd in der Mitte des Kamins hängen.

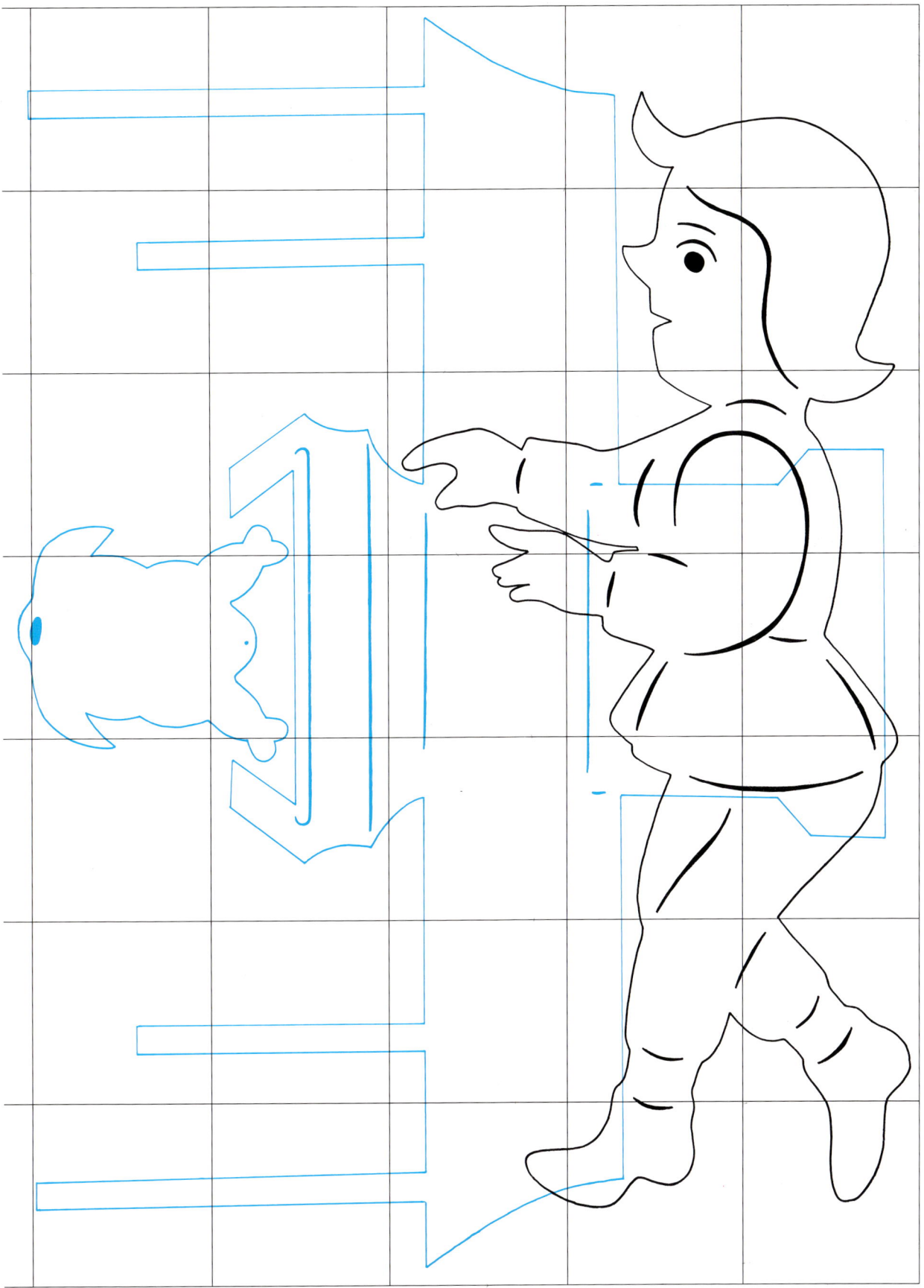

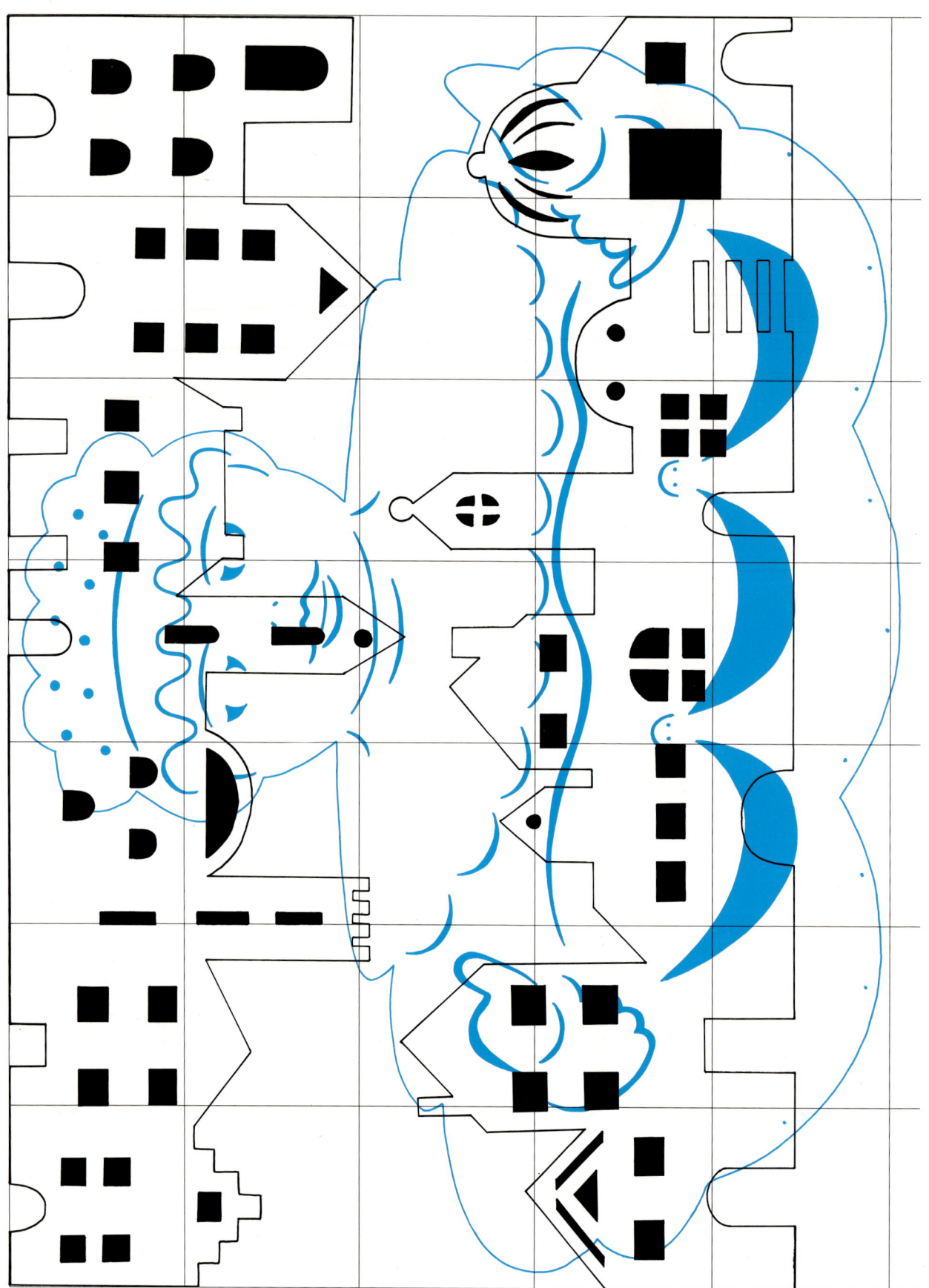

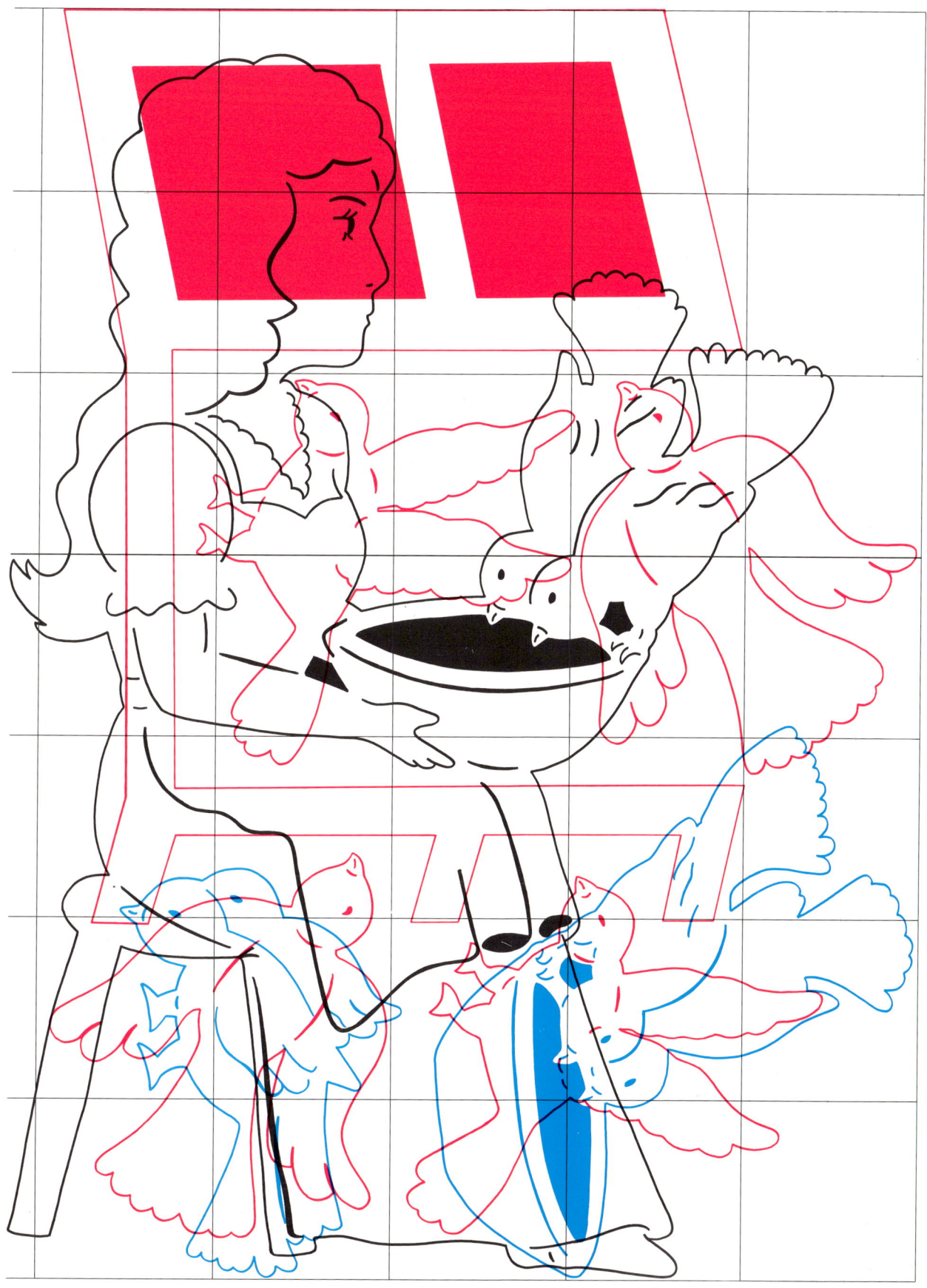

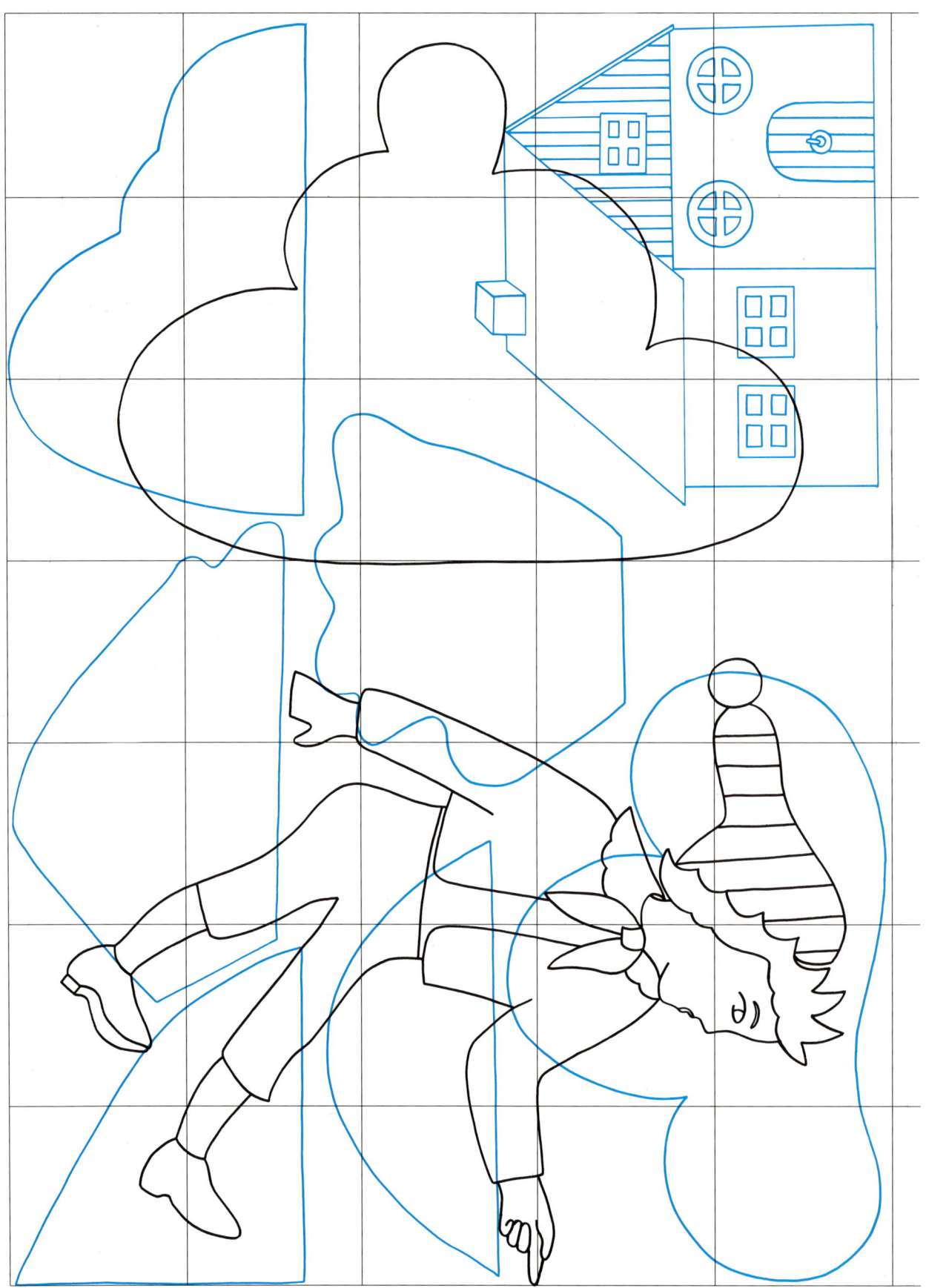

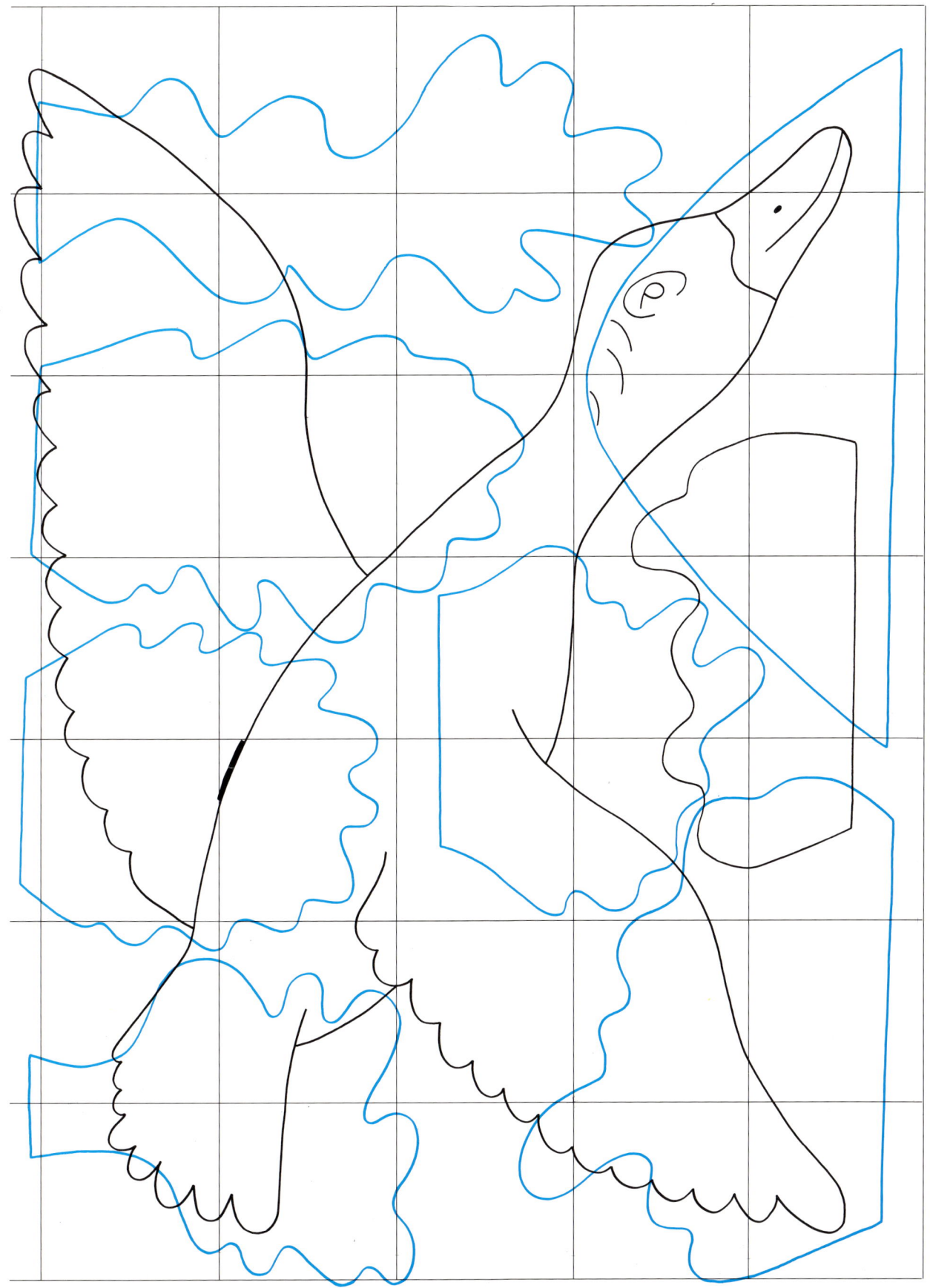

Herzlich willkommen

Berlin

Materialbedarf:

1 große schwarze Pappe; 1 rote Pappe; 1 große weiße Pappe; rotes Nähgarn; Klebstreifen

Anleitung:

Den Berliner Bären schneiden Sie aus schwarzer Pappe aus. Beachten Sie die vollen Felder auf der Musterschablone, auch diese müssen Sie ausschneiden. Dann überkleben Sie die Zunge und die Krallen mit roter Pappe. Aus der roten Pappe schneiden Sie so viele Herzen aus, wie Sie benötigen. Die Schrift stellen Sie aus weißer Pappe her.

Der Bär und die Schrift werden auf das Fenster mit Klebstreifen geklebt, die Herzen reihen Sie auf rotes Nähgarn und hängen sie an den inneren Fensterrahmen. (Vorlagen S. 24)

Anmerkung:

Schwarze Fensterbilder sind immer etwas problematisch und benötigen, um gesehen zu werden, einen kontrastreichen Hintergrund.

Hängen Sie sie also vor eine weiße oder farbige Gardine.

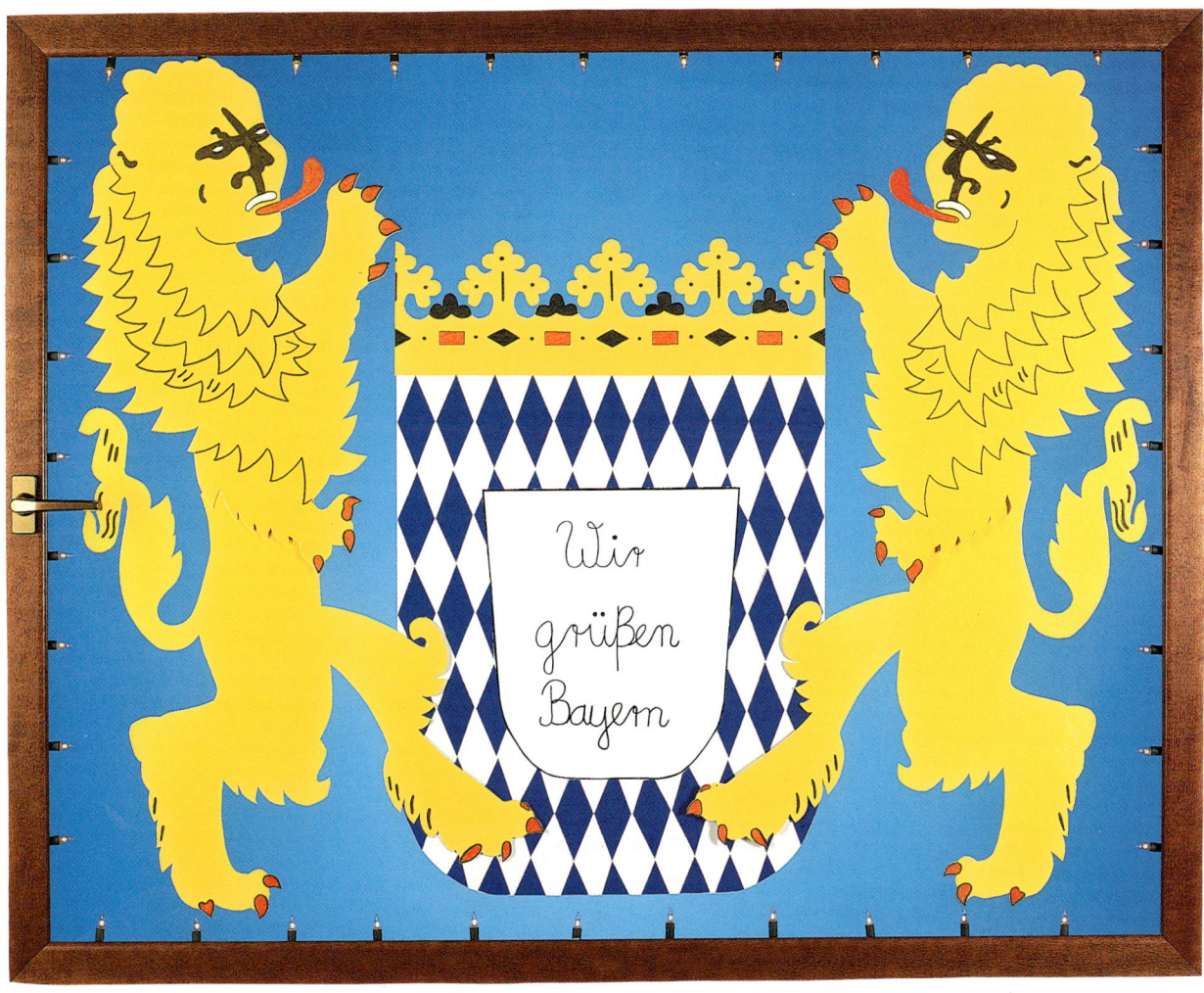

Bayern

Materialbedarf:
5 große gelbe Pappen; 1 große blaue Pappe; 1 große weiße Pappe; weiße Bastelfarbe; Filzstifte in Rot, Schwarz und Blau; Klebstoff und Klebstreifen

Anleitung:
Wegen der Übergröße sind die Löwen zweiteilig. Stellen Sie einen rechten und einen linken Löwen her. Wenn die Pappe von beiden Seiten gleich ist, können Sie später einen Löwen einfach umdrehen. Augen und Zähne der Löwen malen Sie mit weißer Bastelfarbe auf. Zunge, Krallen und Konturen werden mit schwarzem bzw. rotem Filzstift aufgemalt. Die Krone für das Wappen stellen Sie ebenfalls aus gelber Pappe her und bemalen sie mit schwarzem, rotem und blauem Filzstift. Für das Wappen schneiden Sie aus blauer Pappe ca. 56 Nappos aus und kleben diese so auf das Wappen aus weißer Pappe, daß immer ein blaues und weißes Feld entsteht. Beachten Sie bitte, daß das innere kleine Wappen frei bleiben muß. Später schreiben Sie mit schwarzem Filzstift den Namen der bayerischen Stadt, die Sie grüßen möchten, in das mittlere kleine Wappen.
Die Anbringung nehmen Sie wie folgt vor: Zuerst kleben Sie das Wappen auf, darüber die Krone, dann die beiden Löwenoberteile und zum Schluß die Löwenunterteile mit dem oberen Ende hinter die Löwenoberteile. (Vorlagen S. 25 und 26)

Anmerkung:
Diese Art Fensterbilder sollen Ihre Gäste grüßen. Gleichzeitig können sie Anregung sein, von Wappen aus anderen Städten oder Gegenden selbst ein Fensterbild zu entwerfen. Nehmen Sie sich dazu ein Städtewappen als Vorlage und stellen es aus Pappe her.

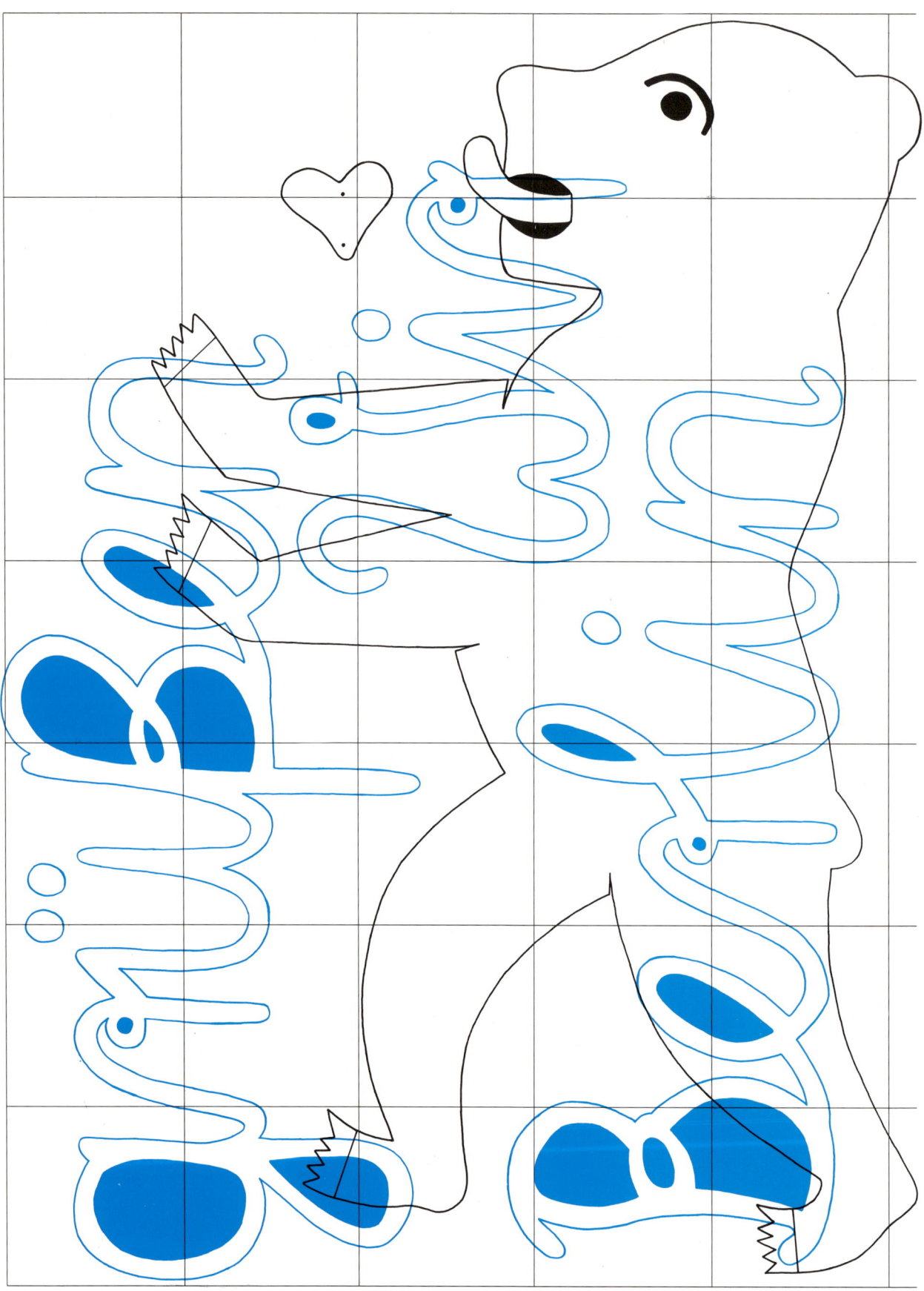

Fensterbilder für jede Gelegenheit

Hochzeit

Materialbedarf:

2 große weiße Pappen; beliebig viele rote Stoffröschen;
8 kleine goldfarbene Dekoringe; weiße Wollfäden;
2 rote Federn; 1 Stückchen weiße Fransenborte; rotes
Papiergeschenkband; Nylonfaden; weißes Nähgarn;
Klebstoff und Klebstreifen

Anleitung:

Dieses Fensterbild müssen Sie besonders sorgfältig
und vorsichtig ausschneiden. Schneiden Sie bei der
Kutsche zuerst alle inneren, vollflächig gekennzeichneten Felder aus; ebenso gehen Sie bei den Pferden und
Tauben vor.

Die Pferde bekommen aus weißer Wolle einen Schweif
und eine Mähne. Dazu ziehen Sie die Wolle durch die
dafür gekennzeichneten Öffnungen und verknoten die
Fäden. Das Zaumzeug wird aus rotem Geschenkband
aufgeklebt. Hinter den Pferdeköpfen befestigen Sie
jeweils eine rote Feder mit Klebband. Die weiße Fransenborte wird zur Dekoration auf die Pferderücken geklebt. Beiden Pferden nähen Sie mit weißem Nähgarn
je einen goldfarbenen kleinen Dekoring an das Maul.
Nähen Sie einen Ring an die Brust des zweiten Pferdes und den letzten Ring an die vordere Radaufhängung der Kutsche. Dann führen Sie Wollfäden als
Zügel durch die Ringe. Einen Faden knoten Sie an den
Maulring des ersten Pferdes und führen ihn an den
Brustring des zweiten Pferdes, den Sie dort ebenfalls
verknoten.
Beim zweiten Pferd führen Sie den Wollfaden durch
den Maulring zu dem Ring an der Radaufhängung
der Kutsche; an beiden Seiten wird natürlich die Wolle
wieder verknotet. Jeder Taube nähen Sie mit weißem
Nähgarn je einen goldfarbenen kleinen Dekoring an
den Schnabel und knoten einen Nylonfaden in die
Flügel.
Kleben Sie zum Schluß die Kutsche und die Pferde mit
Klebstreifen an das Fenster; darüber lassen Sie Stoffröschen regnen. Die Tauben hängen Sie so über die
Kutsche, daß sich die Ringe an den Schnäbeln be-
rühren. (Vorlagen S. 36)

Anmerkung:

Vor die Kutsche können Sie beliebig viele Pferde spannen; Sie können die Pferde auch nebeneinander lau-
fen lassen. Aus diesem Grund haben auch beide eine
leicht unterschiedliche Körperhaltung.

Hurra, ein Baby

Materialbedarf:

2 große weiße Pappen; 1 große himmelblaue Pappe; gelbes Tonpapier; himmelblaues Papierschleifenband; Bastelfarbe in Haut, Himmelblau und Weiß; Filzstifte in Schwarz und Rosa; 1 Buntstift in Himmelblau; Klebstoff, Klebstreifen

Anleitung:

Die Wolken und das Baby werden aus weißer Pappe ausgeschnitten, die Ballons aus himmelblauer Pappe. Malen Sie mit weißer Bastelfarbe die Lichteffekte auf die Ballons, wie sie auf der Musterschablone eingezeichnet sind.
Mit dem himmelblauen Buntstift schraffieren Sie vorsichtig die Wolkenränder. Die Konturen und die Beschriftung wie Namen, Geburtstag, Gewicht und Uhrzeit Ihres Kindes zeichnen Sie mit schwarzem Filzstift.

Das Baby wird zum größten Teil bemalt: Beinchen, Ärmchen, Körper und Gesicht mit hautfarbener Bastelfarbe. Die Haare kleben Sie aus Tonpapier auf. Malen Sie das Höschen und die Rassel mit Schleife in Himmelblau. Augen und Mund sind aus weißer Bastelfarbe, schwarzem bzw. rotem Filzstift. Zum Schluß knoten Sie die himmelblauen Geschenkbänder um die Ballons und kleben alles mit Klebstreifen an das Fenster. (Vorlagen S. 37)

Anmerkung:

Wie schon erklärt, kann sämtliche Bemalung durch Tonpapier ersetzt werden. Falls der neue Erdenbürger ein Mädchen ist, ändern Sie alles Himmelblaue einfach in Rosa um. Natürlich können Sie auch eine andere Farbe, ganz nach Ihrem Geschmack, wählen.

Auch wenn Sie dieses freudige Ereignis nicht verkünden können, sollte dieses Fensterbild Ihr Fenster schmücken. Lassen Sie einfach die Beschriftung weg.

Happy Birthday

Materialbedarf:

1 große weiße Pappe, gelbe Pappe, rote Pappe; grauer Filz; Geschenkpapier; gelbes Papiergeschenkband; Bastelfarbe in Haut, Gelb, Braun, Rot, Grün, Weiß und Gold; Filzstifte in Rot, Schwarz und Dunkelblau; verschiedene Trockenblumen in Gelb; Klebstoff und Klebstreifen

Anleitung:

In diesem Buch finden Sie das ABC. Daraus entnehmen Sie die Buchstaben für die Schrift, die aus gelber und roter Pappe hergestellt wird. Der kleine Gratulant wird aus weißer Pappe gefertigt und zum Teil beklebt und bemalt.

Gesicht, Hals, Beine und Hände werden mit hautfarbener Bastelfarbe, die Hose wird mit gelber, die Jacke mit grüner und das Hemd mit roter Farbe bemalt.

Knöpfe und Gürtelschnalle werden mit Goldfarbe aufgemalt. Auf das Herz kleben Sie Geschenkpapier, darüber über Kreuz das Papiergeschenkband, und in die Mitte setzen Sie eine Schleife aus Geschenkband.

Färben Sie seine Haare braun und kleben als Mütze den grauen Filz auf. Die Schuhe werden mit schwarzem Filzstift bemalt. Augen, Mund und Konturen sind aus schwarzem bzw. blauem und rotem Filzstift.

Das Augeninnere und die Glanzlichter im Auge malen Sie mit weißer Bastelfarbe auf. Hinter die Papiertüte kleben Sie verschiedene gelbe Trockenblumen. (Vorlagen S. 44)

Anmerkung:

Der kleine Gratulant eignet sich auch als Muttertagsfensterbild. Ändern Sie dazu die Schrift und bekleben das Herz mit rotem Tonpapier.

Auch als kleine Aufmerksamkeit zum Valentinstag kann dieses Fensterbild verwendet werden.

Karneval

Materialbedarf:
2 große weiße Pappen; rote, gelbe, grüne und blaue Pappe; 1 Stückchen Plüschborte; 1 Rolle Luftschlangen; bunte Filzstifte; Klebstoff und Klebstreifen

Anleitung:
Schneiden Sie die drei Clowns aus Pappe aus. Die Bemalung können Sie nach eigenen Vorstellungen mit bunten Filzstiften vornehmen. Die Buchstaben für die Schrift entnehmen Sie aus der ABC-Vorlage (S. 64) in diesem Buch.
Für die einzelnen Buchstaben habe ich rote, gelbe, grüne, blaue und weiße Pappe ausgewählt. Die Maske wird mit rotem und schwarzem Filzstift bemalt und am oberen Rand mit der Plüschborte beklebt. Wenn alles am Fenster angebracht ist, hängen Sie die Luftschlangen dahinter. (Vorlagen S. 38)

Mein erster Schultag

Materialbedarf für den Jungen:
1 große weiße Pappe; Tonpapier in Rosa, Braun und Schwarz; Geschenkpapier; Glanzpapier in Silber und Blau; weißer Bastelkrepp; Geschenkband; 1 Glanzbild; Filzstifte in Schwarz, Braun, Rot, Rotbraun; Bastelfarbe in Weiß; 1 Goldstift; 1 Schwammtuch; 1 Spültuch; 1 Schnürriemen in Schwarz; rote und schwarze Pappe; Klebstoff und Klebstreifen

Materialbedarf für das Mädchen:
1 große weiße Pappe; Tonpapier in Rosa und Gelb; Glanzpapier in Silber und Blau; Geschenkpapier; Geschenkband; roter Bastelkrepp; ein Tortendeckchen; 1 Glanzbild; Filzstifte in Rot, Schwarz und Blau; weiße Bastelfarbe; 1 Schwammtuch; 1 Spültuch; 1 Schnürriemen; Klebstoff und Klebstreifen

Anleitung:

Je nachdem, ob Sie eine Tochter oder einen Sohn haben, schneiden Sie die entsprechende Figur aus Pappe aus. Gesicht, Beine und Hände sind aus rosa Tonpapier, die Bekleidung aus buntem Geschenkpapier bzw. Tonpapier, ebenso die Haare.

Das Mädchen bekommt aus einem Tortendeckchen den Kragen aufgeklebt. Konturen, Augen, Nase, Mund und Schuhe werden mit Filzstift bzw. weißer Bastelfarbe aufgemalt.

Beim Jungen werden die Schuhschnallen mit einem goldenen Filzstift aufgemalt.

Die Schultüten sind aus blauem bzw. silbernem Glanzpapier.

Die Ränder werden farblich abgesetzt, beim Mädchen mit blauem und beim Jungen mit silbernem Glanzpapier. Auf die Tüten wird oben jeweils ein Glanzbild aufgeklebt. Hinter den Rand der Tüte kleben Sie den Bastelkrepp und binden das Papier zu einer Tüte mit Geschenkband zusammen.

Schneiden Sie für die Tafel die Form aus schwarzer Pappe aus und kleben einen Rand aus roter Pappe auf. In den oberen Rand stanzen Sie mit dem Locher ein Loch und ziehen den Schnürriemen durch. Nun knoten Sie an das eine Ende ein Stückchen Spültuch und an das andere Ende ein rund ausgeschnittenes Stück Schwammtuch.

Zum Schluß schreiben Sie mit weißer Bastelfarbe „Mein erster Schultag" und das Datum, an dem Ihr Kind eingeschult wird, auf die Tafel.

(Vorlagen S. 39)

Osterhase

Materialbedarf:
2 große grüne Pappen; 1 große weiße Pappe; gelbe
Pappe; Tapetenreste; Bastelfarbe in Ocker, Rosa und
Silber; Filzstifte in Rot und Schwarz; Glitzersteinchen;
Klebstoff und Klebstreifen

Anleitung:
Schneiden Sie den Hasen aus weißer Pappe, das
Gras aus grüner und die Schrift aus grüner und gelber
Pappe aus. Die Eier können Sie aus Tapetenresten
herstellen oder weiße Pappe mit Geschenkpapier
beziehen.
Der Hase ist mit Bastelfarbe in Ocker, das eine Ohreninnere mit Bastelfarbe in Rosa bemalt. Das Brillengestell wird mit Silberfarbe und das Brillenglas mit
schwarzem Filzstift ausgemalt. Kleben Sie oben auf
das Brillengestell kleine Glitzersteinchen. Konturen,
Nase, Augen, Barthaare und Mund sind mit schwarzem bzw. rotem Filzstift gezeichnet oder mit Tonpapier,
bzw. farbiger Pappe beklebt. Die vier bunten Tapeten-
eier werden auf das Gras geklebt. Später wird der
Hase am Fenster hinter das Gras mit Klebstreifen fest-
geklebt. (Vorlagen S. 41)

Osternest

Materialbedarf:
2 große braune Pappen; 2 große grüne Pappen;
weiße Pappe; buntes Tonpapier; Filzstift in Rot und
Schwarz; 3 schwarze Borsten vom Besen; Klebstoff
und Klebstreifen

Anleitung:
Zuerst stellen Sie einen rechten und einen linken
Hasen aus brauner Pappe her. Das Ohreninnere von
jeweils einem Hasenohr wie auch die Nasen werden
aus rosa Tonpapier ausgeschnitten und aufgeklebt.
Augen und Mund sind aus weißer Pappe, die mit
schwarzem bzw. rotem Filzstift bemalt sind.
Alle Konturen werden ebenfalls mit schwarzem Filzstift
aufgezeichnet. Für die Barthaare nehmen Sie drei
Borsten aus Ihrem Besen, machen verteilt sechs Löcher
und ziehen die Haare durch, so daß jede Seite gleich
lange Haare erhält.
Danach schneiden Sie das Gras aus grüner Pappe für
die Hasen und das Osternest aus. In das Osternest
kleben Sie bunte Eier aus Tonpapier.
Wenn Sie das Fensterbild anbringen, dann kleben Sie
zuerst die Hasen fest und dahinter das Gras.
(Vorlagen S. 40)

Sommer

Materialbedarf:
3 große weiße Pappen; Klebstreifen

Anleitung:
Die Muster werden auf die Pappen übertragen. Alle
inneren, auf der Musterschablone vollflächig gekennzeichneten Felder und Linien werden ausgeschnitten
und anschließend die äußeren Umrisse. Die Anordnung können Sie wie auf dem Bild vornehmen oder
nach Belieben verändern.
(Vorlagen S. 42)

Herbst

Materialbedarf:
1 große blaue Pappe; 1 große rote Pappe; gelbe,
schwarze und weiße Pappe; Tonpapier in Haut, Rot,
Lila, Dunkelgrün, Hellgrün, Oliv, Rotbraun, Sand; weiße
Bastelfarbe; Filzstifte in Schwarz, Lila, Dunkelblau,
Dunkelrot; Klebstoff und Klebstreifen

Anleitung:
Die gesamte Figur, außer Schirm und Schirmstock, wird
aus blauer Pappe ausgeschnitten. Dann bekleben Sie
die Stiefel, die Hose und das Kapuzeninnere mit ent-
sprechendem Tonpapier.
Die Haare sind aus schwarzer Pappe, das Gesicht
und die Hände aus Tonpapier in Haut. Das Ärmel-
bündchen besteht aus lila Tonpapier. Der Mund wird
aus rotem Tonpapier und die Augen aus weißer und
schwarzer Pappe aufgeklebt. Die Lichtpunkte in den
Augen malen Sie mit weißer Bastelfarbe auf.
Die Konturen werden mit schwarzem, lila, dunkelblauem und dunkelrotem Filzstift aufgemalt. Bevor Sie die
Hände aufkleben, legen Sie den Schirmstock darunter.
Die Knöpfe für den Mantel schneiden Sie aus roter
Pappe aus. Der Schirm ist aus roter, Punkte und innerer
Schirmrand sind aus weißer Pappe. Entweder machen
Sie in den Schirm einen kleinen Einschnitt und stecken
die Stange durch, oder Sie kleben die obere gelbe
Schirmspitze separat an.

Zum Schluß schneiden Sie aus dem bunten Tonpapier
das Herbstlaub aus und malen mit andersfarbigen
Filzstiften die feinen Adern der Blätter auf.
(Vorlagen S. 43)

Nikolaus

Materialbedarf für den Nikolaus:
2 große weiße Pappen, 1 große rote Pappe; 1 grüne Pappe; Tonpapier in Blau; weißes Geschenkband; Bastelfarbe in Haut; Buntstifte in Himmel- und Dunkelblau; Filzstift in Schwarz; Watte; weißes Nähgarn; Klebstoff und Klebstreifen

Materialbedarf für den Engel:
1 große weiße Pappe, 1 gelbe Pappe; rotes Tonpapier; Weihnachtsgeschenkpapier; Bastelfarbe in Haut und Weiß; Filzstifte in Schwarz, Rot, Hellgrau und Dunkelblau; 1 Silberstift; Klebstoff und Klebstreifen

Materialbedarf für die Häuser:
1 rote Pappe, 1 gelbe Pappe; Tonpapier in Blau; Transparentpapier in Grün, Gelb, Rot, Dunkelgrün und Orange; bunte Filzstifte; Reste von Borten und Geschenkpapier; Klebstoff und Klebstreifen

Anleitung Nikolaus:
Schneiden Sie den Nikolaus aus roter Pappe aus, die Wolke aus weißer Pappe. Die Stiefel bekleben Sie mit blauem Tonpapier. Mantelsaum, Ärmelstulpen mit Händen dran, Mützenrand, Bart und Mützenpompon werden aus weißer Pappe hergestellt. Schraffieren Sie vorher vorsichtig alle diese Teile mit dem himmelblauen Buntstift an den Rändern. Die Hände und das Gesicht bemalen Sie mit Bastelfarbe aus Haut, den Mund kleben Sie aus roter Pappe auf den Bart. In die eine Hand schneiden Sie eine Öffnung, bei der anderen kleben Sie ein ca. 50 cm langes, weißes Geschenkband unter und ziehen das andere Ende durch die Öffnung der zweiten Hand. Die Augen sind aus weißer, mit schwarzem Filzstift bemalter Pappe. Die

Konturen werden ebenfalls mit schwarzem Filzstift aufgemalt. Aus der grünen Pappe schneiden Sie die Knöpfe für den Mantel aus und kleben sie auf. Die Stiefelkonturen werden mit dunkelblauem Buntstift aufgemalt. (Vorlagen S. 44)

Anleitung Engel:

Den gesamten Engel schneiden Sie aus weißer Pappe aus. Bemalen Sie Gesicht und Beine mit Bastelfarbe in Haut. Flügel und Haare werden mit gelber Pappe beklebt.

Das Kleidchen aus Weihnachtspapier wird aufgeklebt; die Ärmel und Ärmelstulpen sind aus rotem Tonpapier. Anschließend färben Sie die Hände mit Bastelfarbe in Haut ein und kleben sie auf. Alle Konturen werden mit schwarzem Filzstift aufgemalt, die Augen mit blauem und schwarzem Filzstift sowie weißer Bastelfarbe, der Mund mit rotem Filzstift. Auf die Flügel und Haare malen Sie kleine silberne Pünktchen. Die Flügel werden zusätzlich mit grauem Filzstift bemalt. Silberne Pünktchen zieren auch die Ärmelstulpen des Engels. (Vorlagen S. 45)

Anleitung Häuser:

Die Häuser sind zum Teil aus roter, gelber oder weißer Pappe. Die Dächer werden mit Tonpapier beklebt oder mit Filzstift bemalt. Kamine und Rauch werden aus weißer Pappe angeklebt.

Hinter die Fenster kleben Sie je nach Haus Bortenreste, Geschenkpapierreste oder Transparentpapier. Dachpfannen, Konturen und Fensterrahmen werden mit bunten Filzstiften aufgemalt. Kleben Sie Häuser, Engel und Nikolaus mit der Wolke an das Fenster. Führen Sie das eine Ende des Geschenkbandes vom Nikolaus zur Wolke und kleben es dahinter fest. Hinter das Fensterbild hängen Sie die auf Nähgarn aufgereihten Wattebällchen.

Silvester

Materialbedarf:

2 große weiße Pappen; grünes, gelbes und buntes Tonpapier; 5 Kernrollen vom Toilettenpapier; Silberpapier; 1 Rolle Luftschlangen; Filzstifte in Rot, Rosa, Gelb, Braun und Schwarz; Geschenkband; Nylonfaden; Klebstoff und Klebstreifen

Anleitung:

Schneiden Sie die Katze aus weißer Pappe aus, und nehmen Sie die Bemalung vor. Wenn Sie den Arm aufgemalt haben, fahren Sie an den Konturlinien der Hand und des hinteren und vorderen Armes mit dem Messer entlang. Unter dem Arm schieben Sie dann die Flasche, die Sie vorher aus grünem Tonpapier ausgeschnitten haben. Das Etikett der Flasche kleben Sie aus gelbem Tonpapier auf; schließlich kleben Sie die Flasche fest.

Für das Sektglas fertigen Sie die Spritzer und das Sternchen an; ersteres wird gelb bemalt, das zweite rosa.

An die Enden der Kernrollen vom Toilettenpapier kleben Sie buntes Tonpapier; in der Mitte darüber Silberpapier. Danach binden Sie mit Geschenkpapier am Ende der Kernrollen das Tonpapier zusammen. So entsteht das Knallbonbon. Mit einem Kleb- streifen befestigen Sie an jedem Knallbonbon einen Nylonfaden. Zum Schluß nehmen Sie aus dem ABC die Vorlage für die Beschriftung. Nachdem die Katze und die Schrift am Fenster angebracht sind, hängen Sie die Knallbonbons und die Luftschlangen dahinter. (Vorlagen S. 46)

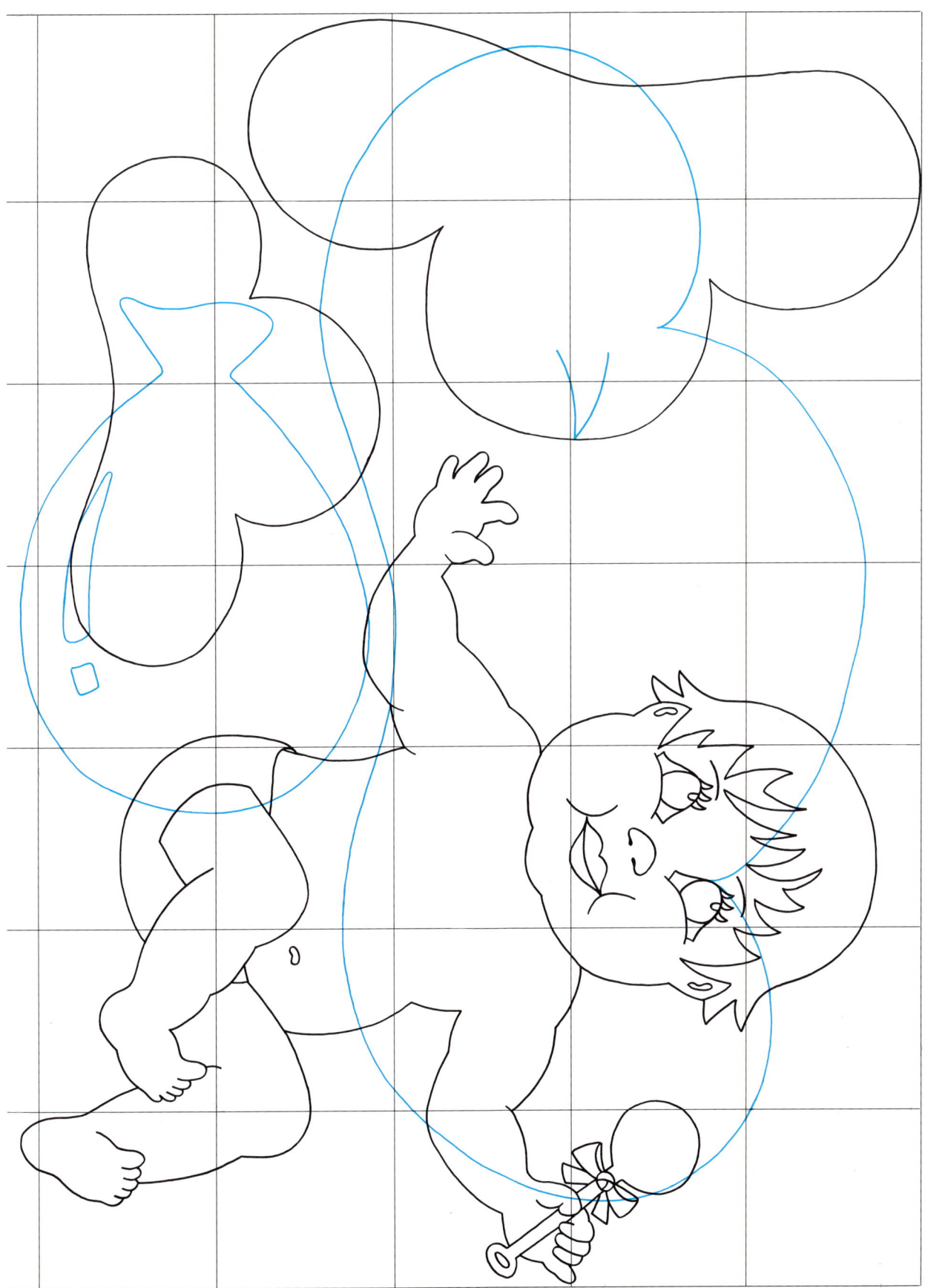

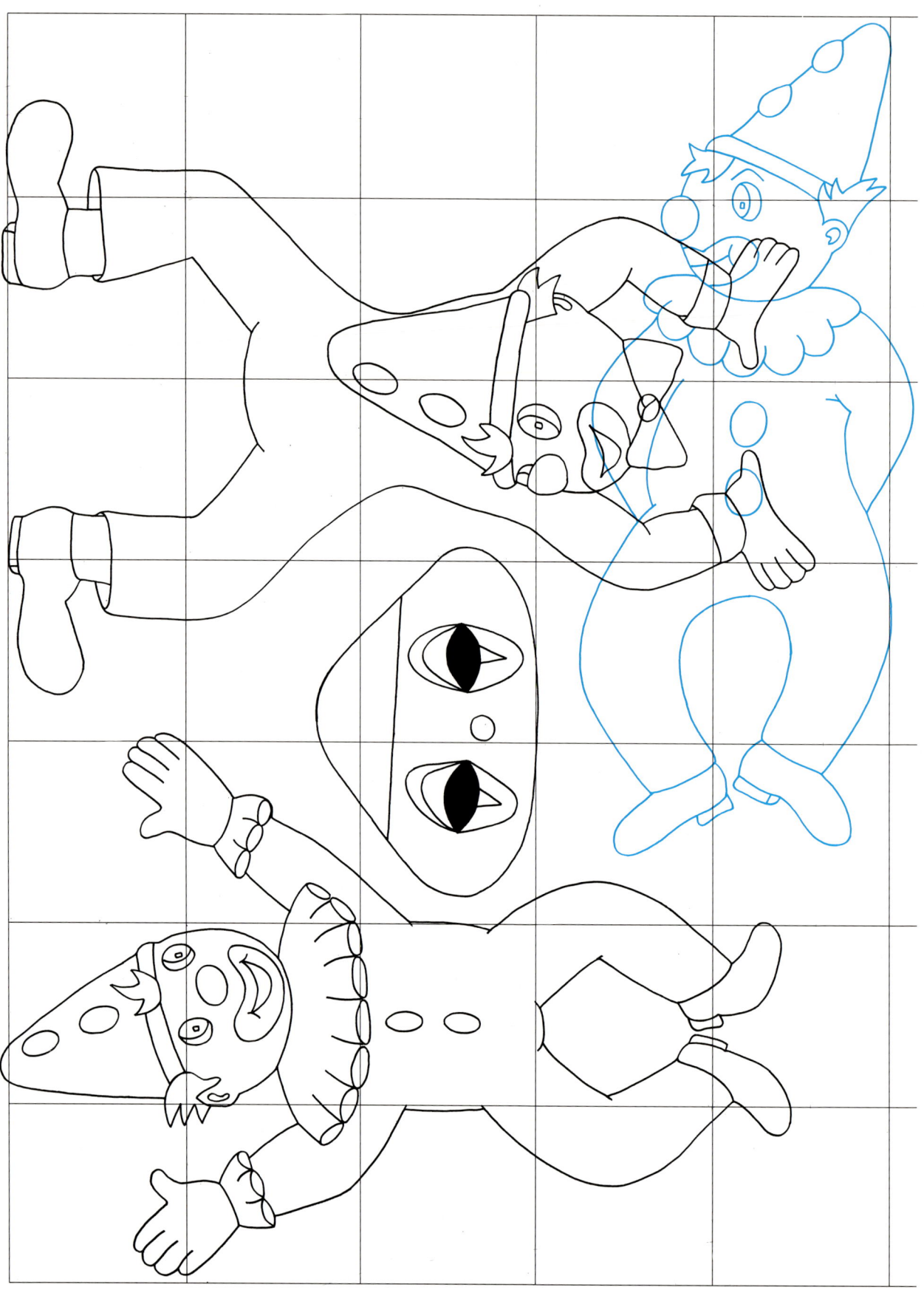

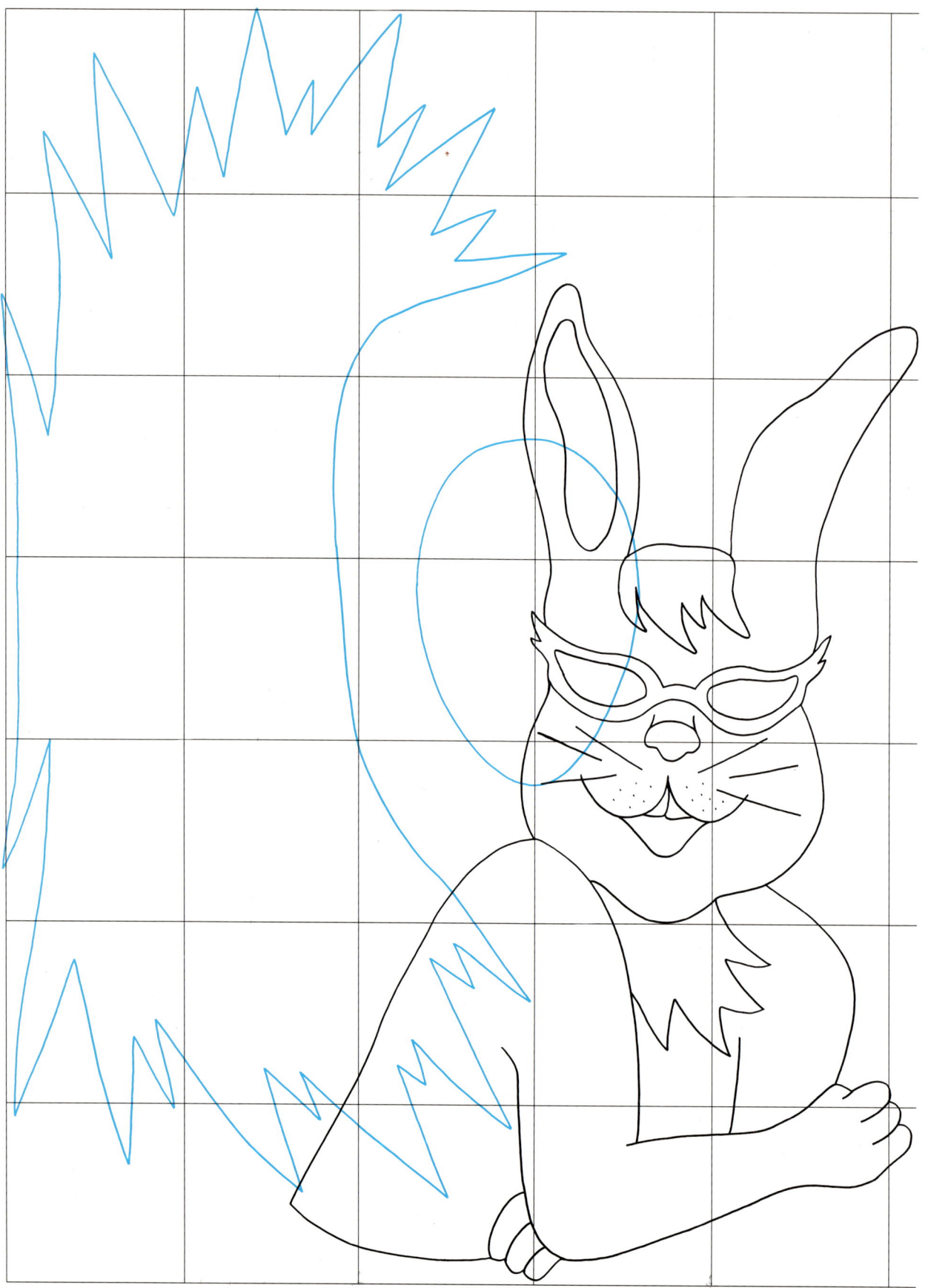

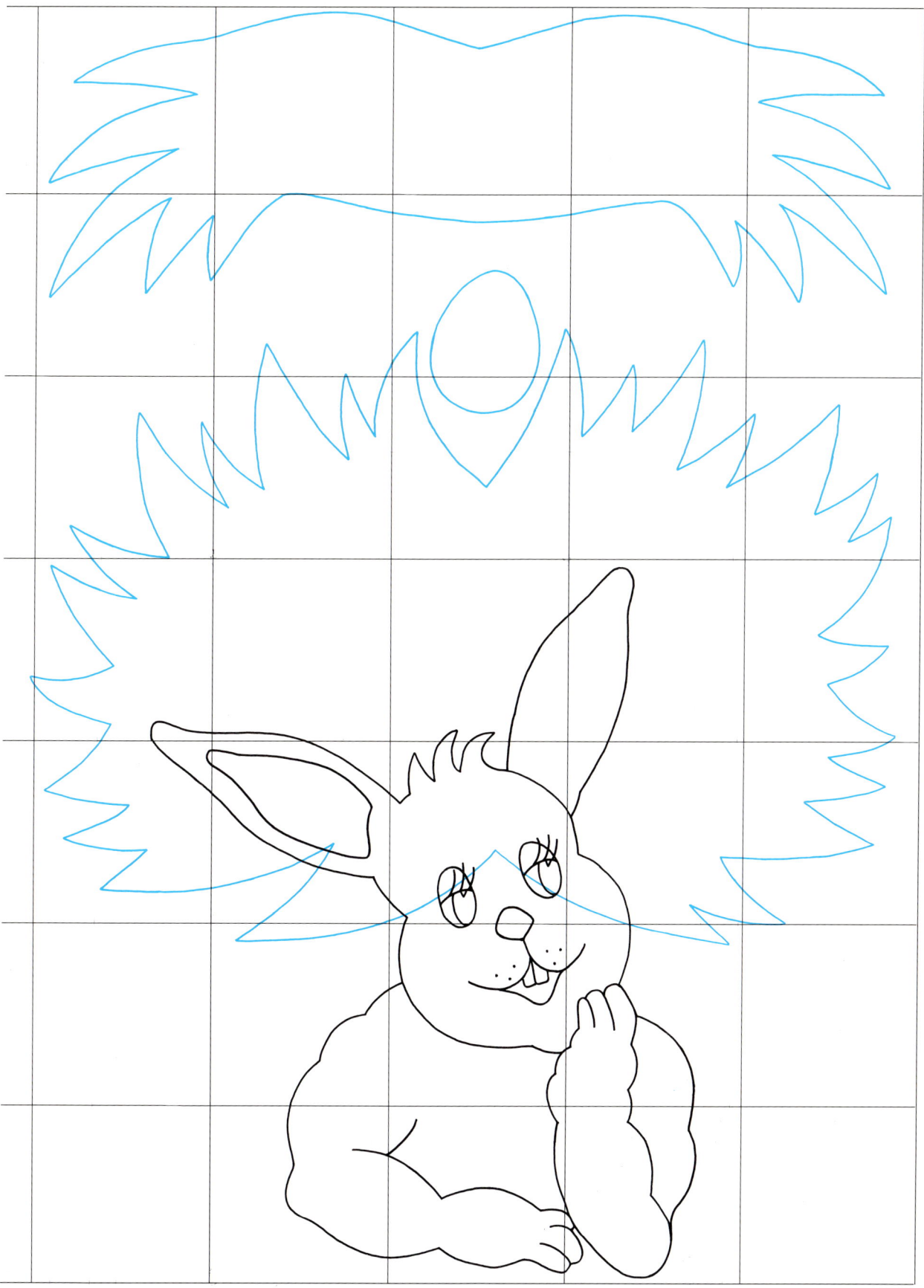

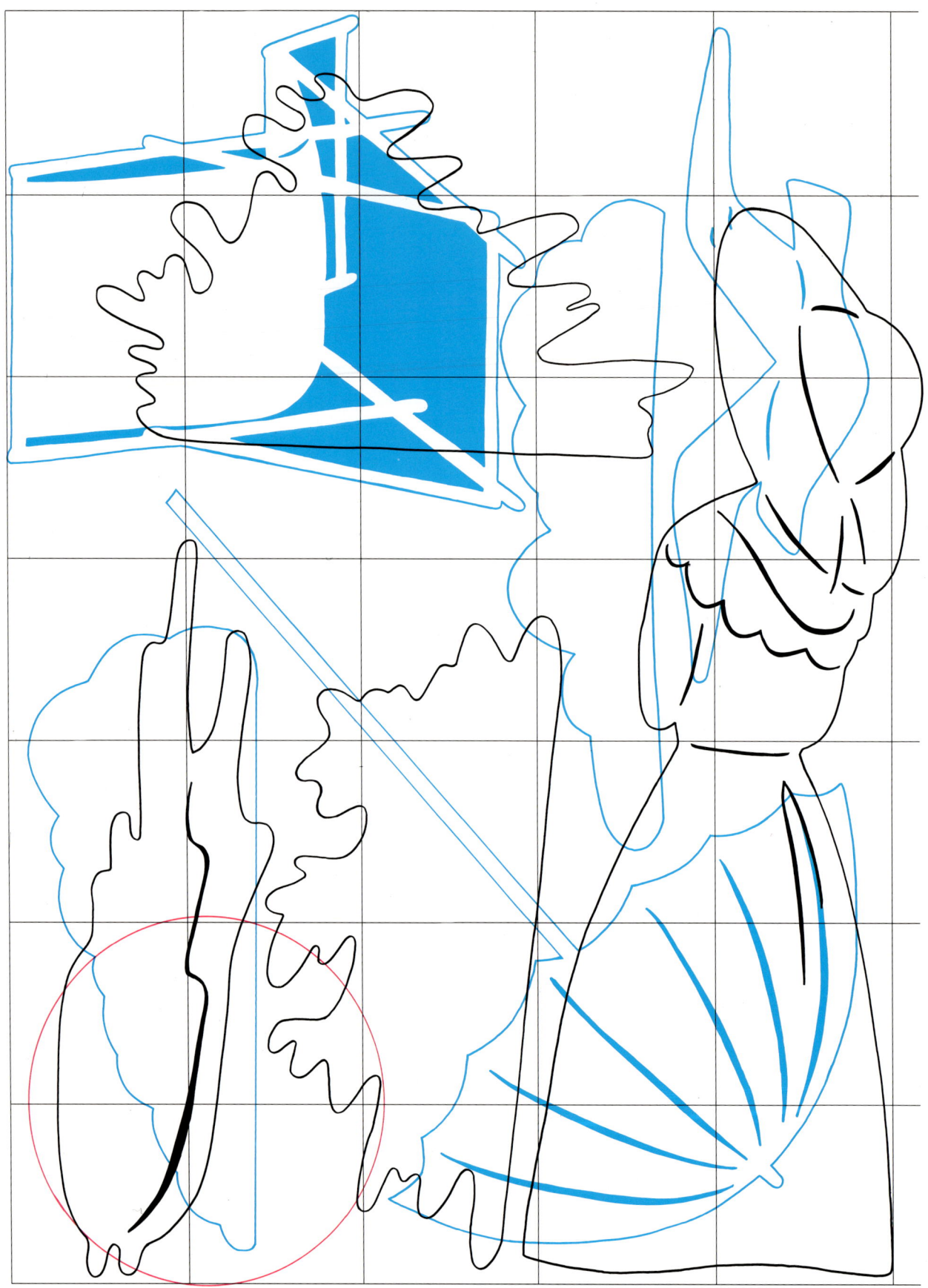

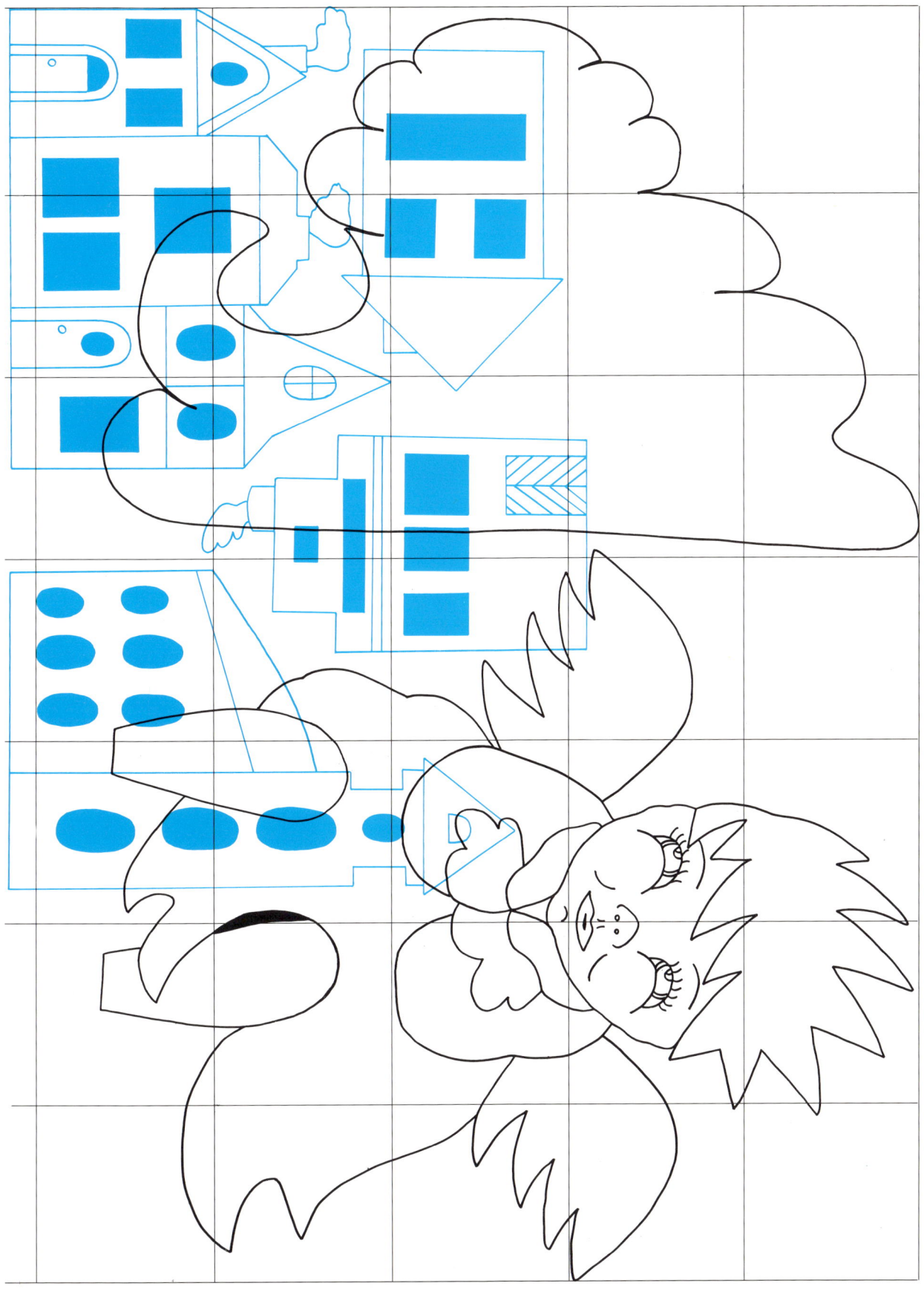

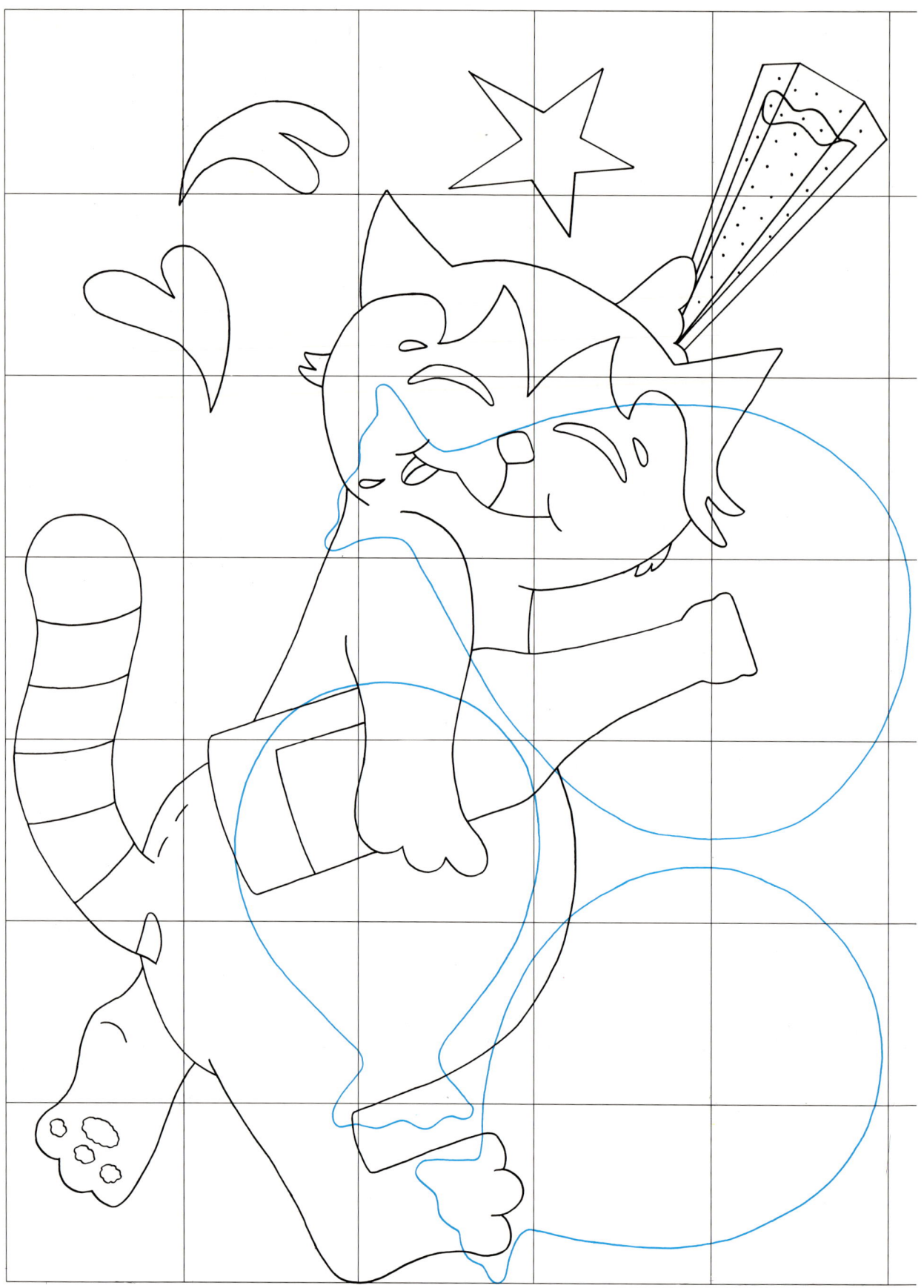

Kinder und Tiere

Ballon Kid

Materialbedarf:
1 große weiße Pappe; Tonpapier in Dunkelgrün, Rot, Orange, Gelb, Blau, Rotlila, Blaulila; buntes Papiergeschenkband; Bastelfarbe in Haut und Weiß; Filzstifte in Rot, Blau und Schwarz; Klebstoff und Klebstreifen

Anleitung:
Schneiden Sie die Ballons aus Tonpapier aus. Das Mädchen ist aus weißer Pappe und wird zum Teil beklebt und bemalt. Haare, Haarschleife und Kleid werden aus Tonpapier aufgeklebt, ebenso die Punkte auf dem Kleid.
Der Rest wird aufgemalt. Schneiden Sie vorsichtig zwei kleine Öffnungen in die Hände. Dann knoten Sie bunte Geschenkbänder an die Ballons. Vier Ballons sollten alleine fliegen, die restlichen führen Sie durch die Öffnungen an den Händen. (Vorlagen S. 54)

Verliebte Katzen

Materialbedarf:
2 große weiße Pappen; rote, grüne und schwarze Pappe; Filzstifte in Rot, Rosa, Schwarz und Braun; Klebstoff und Klebstreifen

Anleitung:
Zuerst schneiden Sie die beiden Katzen aus weißer Pappe aus. Dann werden beide mit Filzstift bemalt. Der Kater bekommt einen Einschnitt rund um sein Mäulchen. Anschließend schneiden Sie aus roter Pappe die Herzen und die Rose und aus schwarzer Pappe den Zylinder sowie aus grüner Pappe den Rosenstiel aus. Den Zylinder kleben Sie dem Kater schräg auf den Kopf. Bevor Sie dem Kater die Rose durch das Mäulchen ziehen, kleben Sie die Blüte an den Stengel. Nachdem Sie beide Katzen an das Fenster dekoriert haben, kleben Sie der Katzendame die Herzen über den Kopf. (Vorlagen S. 55)

Anmerkung:
Bitte beachten Sie, daß schwarze Fensterbilder sehr schlecht sichtbar sind. Dies gilt auch für schwarze Teile wie den Zylinder; am besten ist dann ein kontrastreicher Hintergrund.

Gänseliesel

Materialbedarf:

3 große weiße Pappen, 1 große grüne Pappe oder 3 kleine Bogen Tonpapier; 1 Kartoffelnetz; Filz in Beige und Grün; Tonpapier in Rosa; Filzstifte in Hellbraun, Dunkelbraun, Rot, Orange, Blau und Schwarz; 1 Rest Blümchentapete; 1 Stückchen Spitze; Klebstoff und Klebstreifen

Anleitung:

Das Gras wird dreimal aus grüner Pappe oder Tonpapier, die Gänseliesel und die vier Gänse werden je einmal aus weißer Pappe ausgeschnitten. Schneiden Sie alle vollen Felder bei den Gänsen an den Flügeln, Augen und Schnäbeln aus. Die Gänse bekommen orangefarbene Schnäbel, Beine, Füße und Flügelspitzen. Die Konturen werden alle in Schwarz aufgemalt. Die Iris im Auge der Gänse wird dunkelblau.
Die Gänseliesel ist zum größten Teil beklebt: Gesicht, Hand und Beine mit Tonpapier, das Kleid mit einem Rest Blümchentapete. Die Schuhe werden mit Filz beklebt, ebenso Ärmel und Kragen, und die Schürze wird mit einem Stückchen Spitze versehen. Für den Hut nehmen Sie ein Kartoffelnetz; lassen Sie die Ränder ruhig etwas franselig überstehen, die Wirkung ist dann besonders gut. Aus grünem Filz kleben Sie nun die Haarschleife auf.
Am Ende malen Sie das Stöckchen braun, das Zöpfchen hellbraun, die Haarschleife und den Mund rot und alle Konturen schwarz an. (Vorlagen S. 56)

Fleißige Hausfrau

Materialbedarf:

2 große weiße Pappen; braune Pappe; Tonpapier in Grau, Rosa, Rot, Braun, Orange und Grün; 1 Leine; 8 kleine Schmuckwäscheklammern; 4 Puppenkleider; 1 Stöckchen (80 cm lang, Ø 5 – 7 mm); 1 Rest Blümchentapete; 1 Streifen weißes Papier; Bastelfarbe in Weiß; Filzstifte in Rot und Schwarz; Klebstoff und Klebstreifen

Anleitung:

Schneiden Sie die Katze aus weißer Pappe aus, und bemalen Sie sie mit schwarzem Filzstift. Der Staub wird aus grauem Tonpapier und der Besen aus brauner Pappe ausgeschnitten.
Die fleißige Hausfrau ist wegen der Übergröße zweiteilig. Wenn Sie beide Teile ausgeschnitten haben, legen Sie sie aneinander und kleben auf der Rückseite über die Nahtstelle einen Klebstreifen. Dann drehen Sie die Figur um und kleben auf der rechten Seite einen Streifen Papier über die Nahtstelle. Dies verleiht der Hausfrau mehr Stabilität. Anschließend bekleben Sie die Puppe mit Tonpapier und Blümchentapete.
Das Gesicht und die Konturen werden mit Filzstift, die Zähne mit weißer Bastelfarbe aufgemalt. Machen Sie rund um die Hände mit dem Messer Einschnitte, damit Sie den Besenstiel durchschieben können. Auf das untere Ende des Besenstiels kleben Sie den Besen. Nachdem Sie die Hausfrau und die Katze an das Fenster geklebt haben, hängen Sie dahinter die Leine. Auf diese hängen Sie mit den Wäscheklämmerchen die Puppenwäsche auf. (Vorlagen S. 57)

Blumenkind in Blau

Materialbedarf:
1 große rote, gelbe, grüne, blaue und weiße Pappe; Bastelfarben in Grün, Gelb, Braun, Himmelblau und Weiß; Filzstifte in Schwarz, Rot und Braun; Klebstreifen und Nylonfaden

Anleitung:
Das Mädchen wird aus blauer Pappe ausgeschnitten. Füße, Gesicht und Hände werden mit Bastelfarbe in Haut angemalt. Bluse, Ärmel und Hutstengel werden in Grün und die Haare in Gelb angemalt. Augen, Konturen und Mund werden mit schwarzer bzw. weißer Bastelfarbe aufgemalt. Die seitlichen Blumen werden aus grüner, die Glöckchen aus weißer und die Mohnblumen aus roter Pappe ausgeschnitten. Bei den Mohnblumen malen Sie die Konturen mit einem schwarzen Filzstift auf. Die Sonnenblume und die Biene schneiden Sie aus gelber Pappe aus; das Innere wird mit brauner Bastelfarbe, der Stengel mit grüner Farbe bemalt. Bei dem mittleren Konturenstrich im braunen Bereich der Sonnenblume machen Sie einen Einschnitt. Dort wird später das Füßchen des Blumenkindes hineingesteckt. Anschließend bemalen Sie die Biene mit braunem Filzstift. Die Augen, die Nase und der Mund sowie alle Konturen malen Sie mit schwarzem und rotem Filzstift bzw. mit weißer Bastelfarbe auf. Die Bienenflügel werden mit himmelblauer Farbe bemalt. In den Flügel machen Sie ein kleines Loch und knoten einen Nylonfaden hinein. Nachdem Sie die Figur und die Blumen an das Fenster geklebt haben, hängen Sie die Biene an den Rahmen. (Vorl. S. 58 u. 59)

Blumenkind in Rot

Materialbedarf:
1 große grüne, rote, dunkelgrüne, blaue und gelbe Pappe; Bastelfarben in Haut, Grün, Himmelblau, Dunkelblau, Weiß, Braun; Filzstifte in Schwarz, Rot und Braun; Nylonfaden und Klebstreifen

Anleitung:
Das Blumenkind wird aus roter Pappe ausgeschnitten; Bluse, Schleife, und der Blumenstengel am Hut, Gesicht, die Haare, die Hand, die Beine und Füße werden mit Bastelfarbe bemalt. Alle Konturen und das Auge werden mit schwarzem Filzstift und weißer Bastelfarbe aufgemalt. Für die Blumen schneiden Sie folgende Teile aus: Stengel in Hell- und Dunkelgrün, Blüten in Blau bzw. Gelb. Die Staubgefäße aus gelber Pappe stecken Sie schräg in die Längsritzen und kleben sie fest. Die Konturen werden mit schwarzem Filzstift aufgemalt. Die Biene ist aus gelber Pappe, das Fell wird mit braunem Filzstift aufgemalt. Das Flügelchen bemalen Sie mit himmelblauer Bastelfarbe, Blume und Stengel mit grüner und blauer Farbe. In die Mitte des Blümchens kleben Sie aus gelber Pappe einen kleinen Punkt. Die Augen, die Konturen und der Mund sind mit schwarzem bzw. rotem Filzstift und weißer Bastelfarbe aufgemalt. In den Bienenkopf stechen Sie ein Loch und knoten einen Nylonfaden an. Die Figur und die Blumen werden an die Fensterscheibe geklebt; die Biene wird an einem Faden an den Fensterrahmen gehängt. (Vorlagen S. 60)

Primaballerina

Materialbedarf:

2 große weiße Pappen; Bastelfarbe in Haut, Braun oder entsprechendes Tonpapier; Filzstifte in Rosa, Schwarz und Hellblau; Geschenkband in Rosa und Weiß; Nylonfaden; 6 Pailletten in Rosa, 4 Pailletten in Weiß (alle Pailletten in Blattform); 1 weißes Perlenkränzchen; weiße Federn; 2 Streifen Tüll in Rosa (à 11 cm x 100 cm); 1 Stück Tüllgardine oder einfacher Brautschleier; Nähgarn; Klebstoff

Anleitung:

Schneiden Sie eine mittlere, eine linke und eine rechte Tänzerin aus Pappe aus. Allen Tänzerinnen malen Sie hautfarbene Arme, Hände und Gesichter. Die Trikots bleiben weiß. Mund, Augen und Konturen werden mit rosa, schwarzem bzw. blauem Filzstift aufgemalt. Die Schuhe der beiden seitlichen Tänzerinnen malen Sie

mit rosa Filzstift auf. Die Haare aller Tänzerinnen sind aus brauner Bastelfarbe. Die mittlere Tänzerin bekommt einen Haarschmuck aus den weißen Pailletten und dem Perlenkränzchen, die beiden seitlichen Tänzerinnen einen aus den rosa Pailletten. An den Füßen finden Sie seitlich auf der Musterschablone dicke schwarze Linien. An diesen Stellen machen Sie jeweils einen Einschnitt und ziehen das rosa bzw. weiße Geschenkband durch. Nun legen Sie es einmal über Kreuz und einmal gerade, bevor Sie es auf der Rückseite festkleben. Aus dem Tüll machen Sie zwei Röckchen, die Sie den beiden seitlichen Tänzerinnen mit Nähgarn annähen. Der Rock der mittleren Primaballerina besteht aus weißen Federn. Die auf der Musterschablone befindlichen vollen Felder am Rock müssen ausgeschnitten werden. Auf das übriggebliebene Gerippe kleben Sie schichtweise die weißen Federn, und zwar von unten nach oben. Am Ende bekommt jede Tänzerin einen Nylonfaden an den Kopf geknotet.

Anschließend hängen Sie Ihr kleines Ballett an den Fensterrahmen. Aus der Tüllgardine bzw. dem Brautschleier drapieren Sie hinter der Tanzgruppe eine Art Vorhang. (Vorlagen S. 54)

Karussellpferde

Materialbedarf:
2 große weiße Pappen; 2 Rundstäbe in der Höhe Ihres Fensters (Ø ca. 1 cm); 1 Beutel Hanf; Geschenkband in Rot und Grün; Filzstifte in Schwarz, Rot, Braun und Grün; 2 kleine goldfarbene Dekorationsringe; Klebstreifen; Nähgarn

Anleitung:
Die zwei Pferde schneiden Sie aus Pappe aus. Achten Sie hierbei auf die vollen Felder der Musterschablone,
auch diese Stellen müssen ausgeschnitten werden. Anschließend beginnen Sie mit der Bemalung mit farbigen Filzstiften.

Durch die Öffnungen am Kopf und am Hinterteil ziehen Sie kleine Büschel Hanf. Die Büschel werden verknotet und in einer einheitlichen Länge abgeschnitten. Dann nähen Sie jedem Pferd einen kleinen Dekoring mit Nähgarn an das Maul. Durch die Dekoringe ziehen Sie die Wollfäden, führen sie über den Rücken und wieder zu den Ringen zurück. Die Wollenden werden in den Ringen verknotet. Zum Schluß fertigen Sie noch zwei Quasten aus der Wolle an und hängen diese ebenfalls in die Ringe. Um die zwei Rundstäbe wickeln Sie gleichmäßig das grüne bzw. rote Geschenkband und kleben alle Enden mit Klebstreifen fest.

Nun können Sie die Pferde in das Fenster kleben; dahinter befestigen Sie dann separat die Rundstäbe. (Vorlagen S. 62)

Enten am Friesenzaun

Materialbedarf:
3 große weiße Pappen, 1 große grüne Pappe, 1 große blaue Pappe; goldene Bastelfarbe; Filzstifte in Orange, Braun, Grün, Blau und Rot; Klebstreifen und Klebstoff

Anleitung:
Für den Zaun schneiden Sie aus der blauen und weißen Pappe Streifen aus und kleben diese entsprechend zusammen. Dann malen Sie die Knäufe mit der Goldfarbe an. Anschließend schneiden Sie das Gras aus grüner Pappe und die Enten aus weißer Pappe aus.

Für die Wolken nehmen Sie die Vorlage aus einem anderen Fensterbild (z. B. Frau Holle). Alle inneren, voll gekennzeichneten Felder bei den Enten werden ausgeschnitten. Die Bemalung wird mit Filzstift vorgenommen. (Vorlagen S. 62 und 63)

Schwanensee

Materialbedarf:
2 große weiße Pappen; 1 große hellblaue; 1 grüne
Pappe; gelbes Tonpapier; Filzstifte in Rot und Schwarz;
Klebstoff und Klebstreifen

Anleitung:
Achten Sie bei den Schwänen auf die Ausschnitte an
den Flügeln. Stellen Sie einen rechten und einen linken
Schwan her. Malen Sie jedem Schwan einen roten
Schnabel. Die Konturen um die Augen werden mit
schwarzem Filzstift aufgetragen. Aus der blauen Pappe werden die Wasserkreise ausgeschnitten, aus der
grünen Pappe die Wasserpflanzen und die Blätter der
Seerosen.
Wenn Sie die Seerosen ausgeschnitten haben, kleben
Sie in die Mitte das gelbe Tonpapier. Nun zeichnen Sie
die Konturen mit schwarzem Filzstift auf und kleben
anschließend die Blätter an. Am Fenster fügen Sie nun
alle Teile zu einem Schwanensee zusammen.
(Vorlagen S. 61)

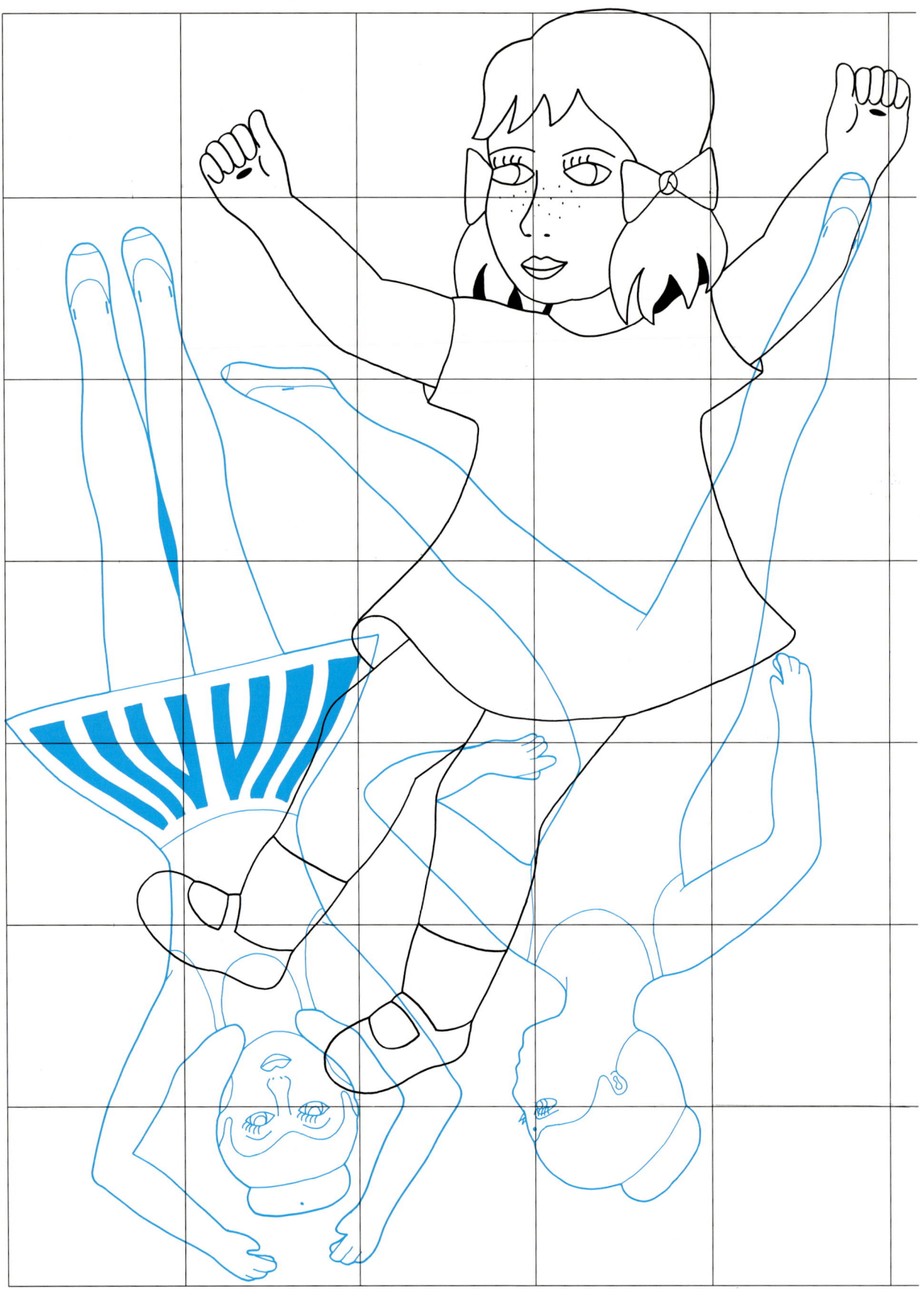

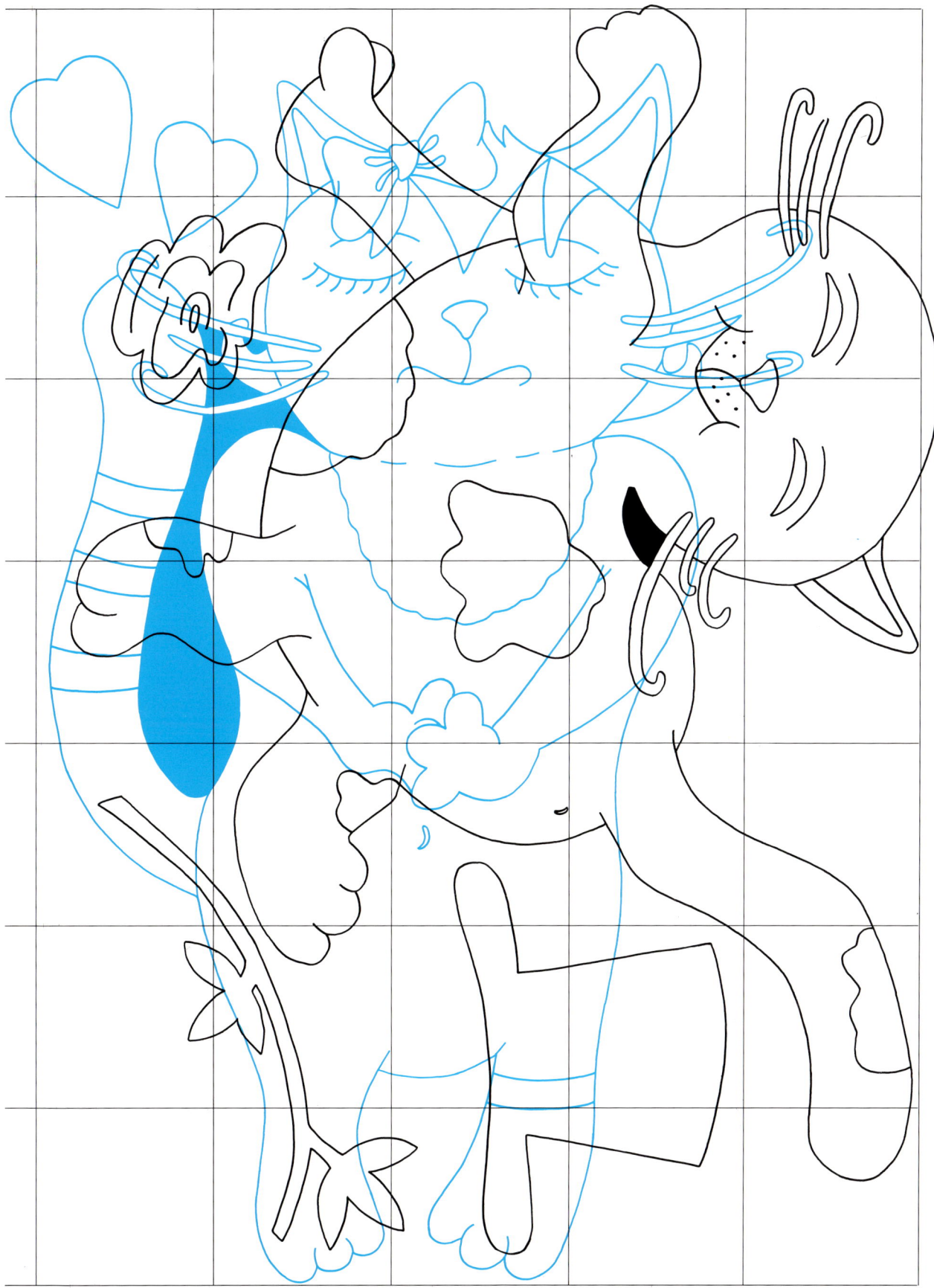

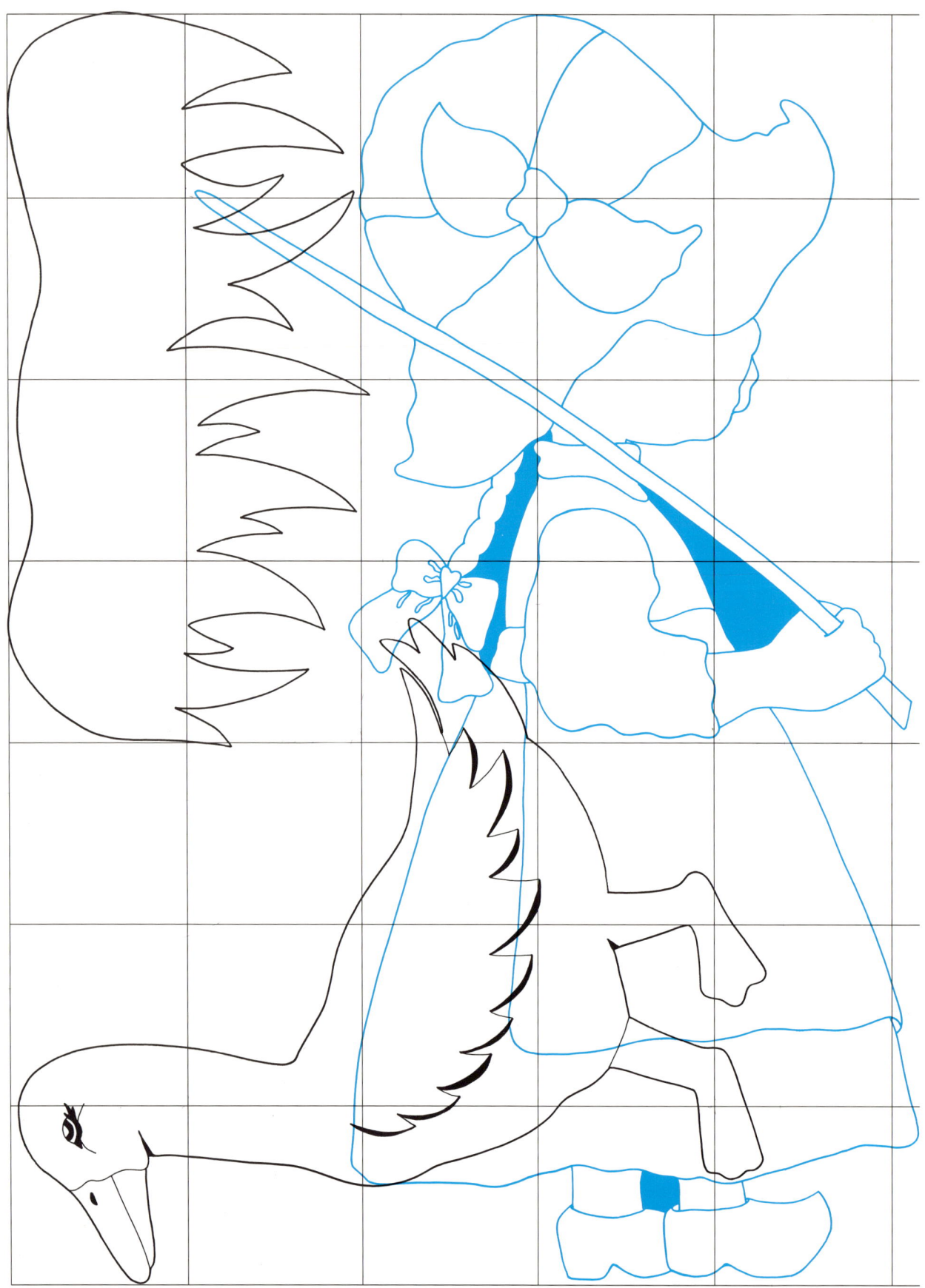

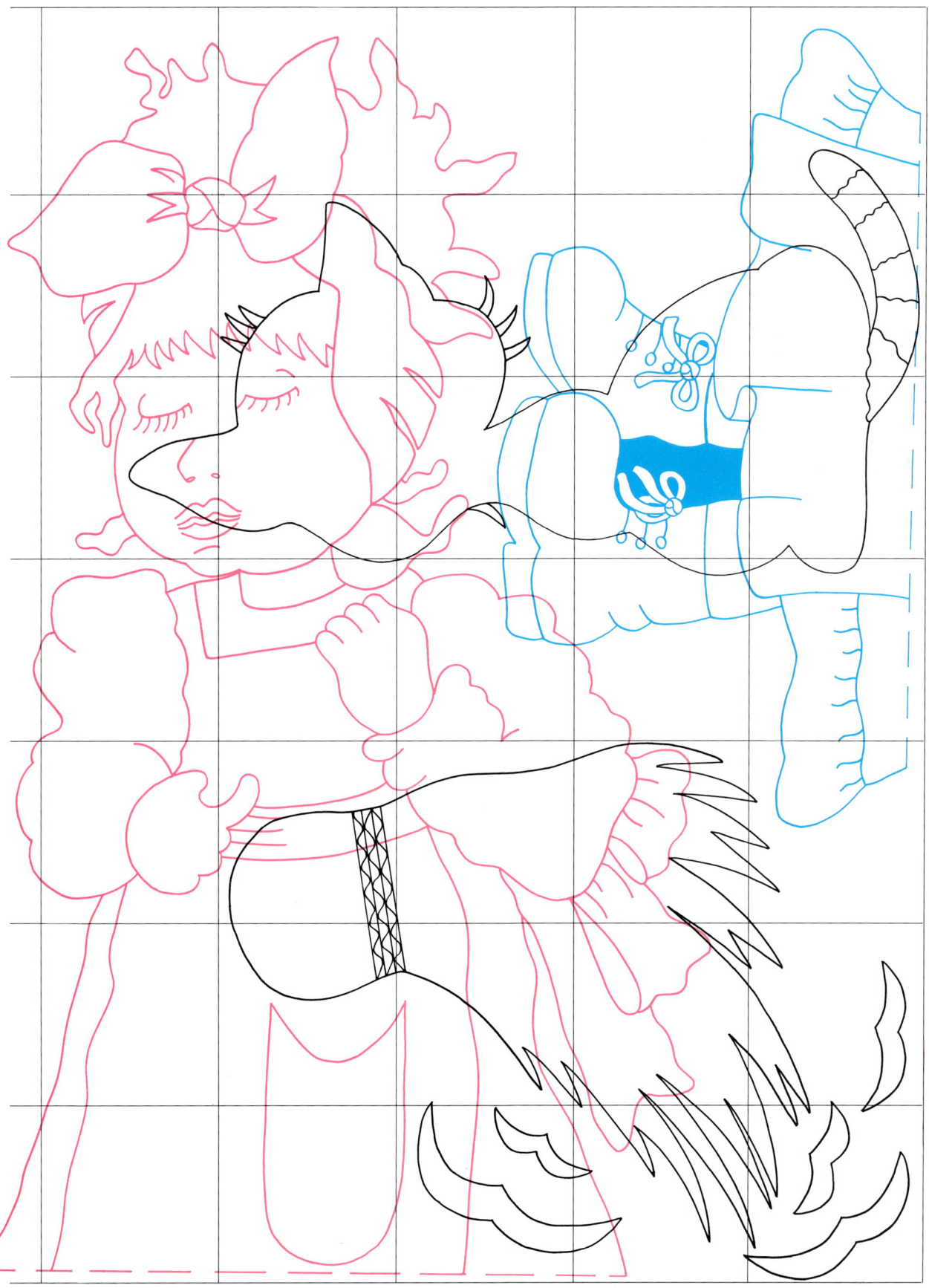

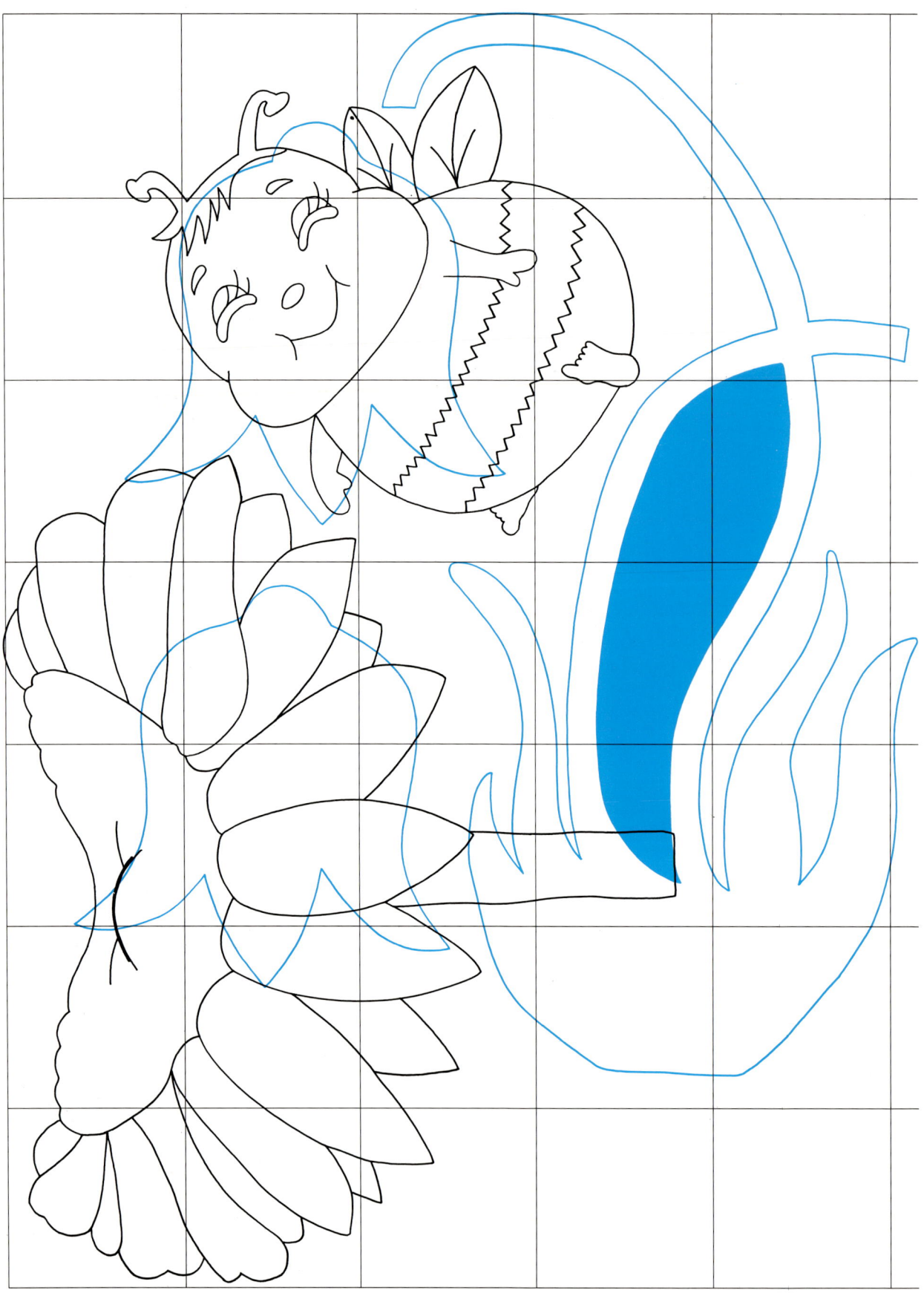

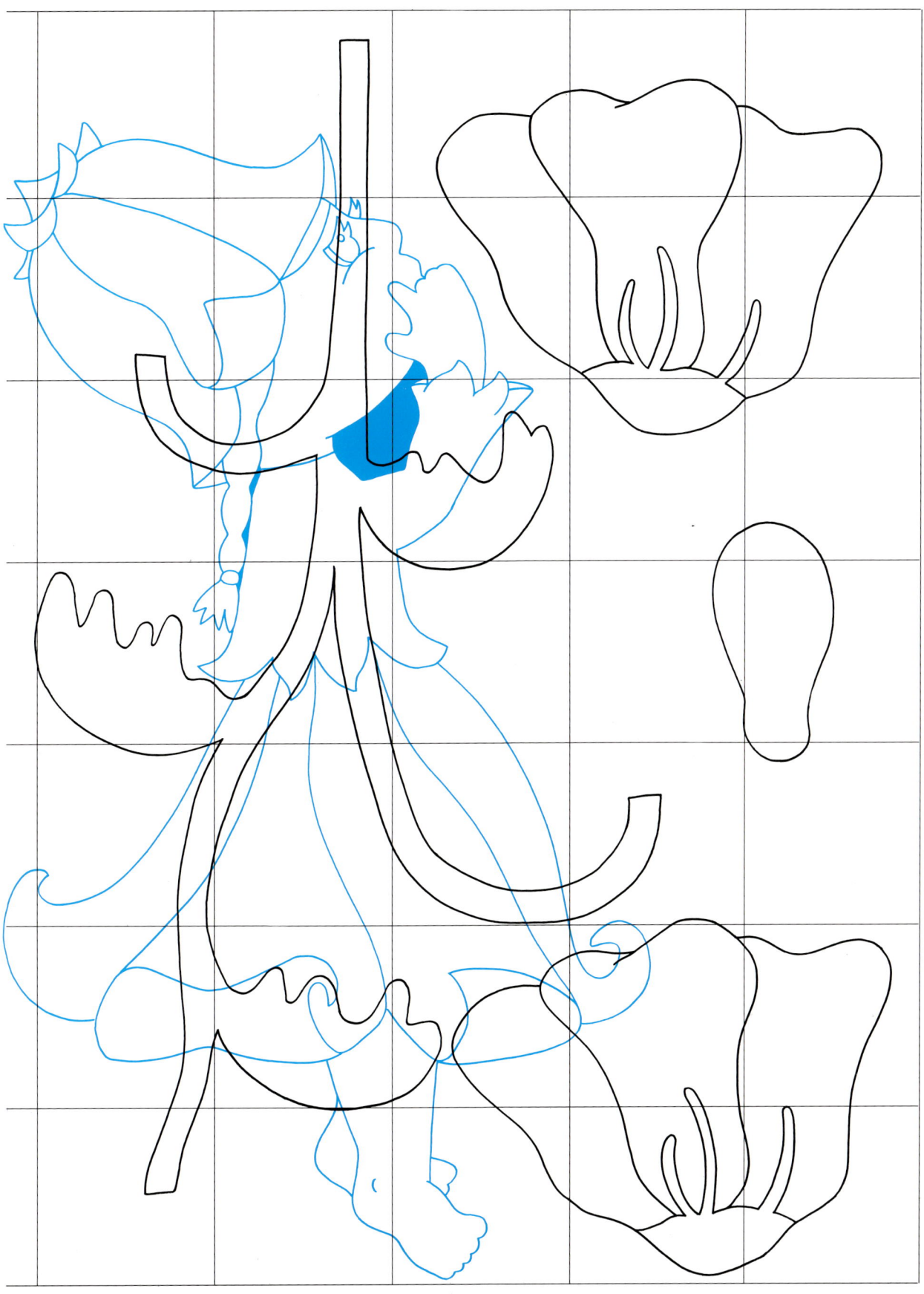

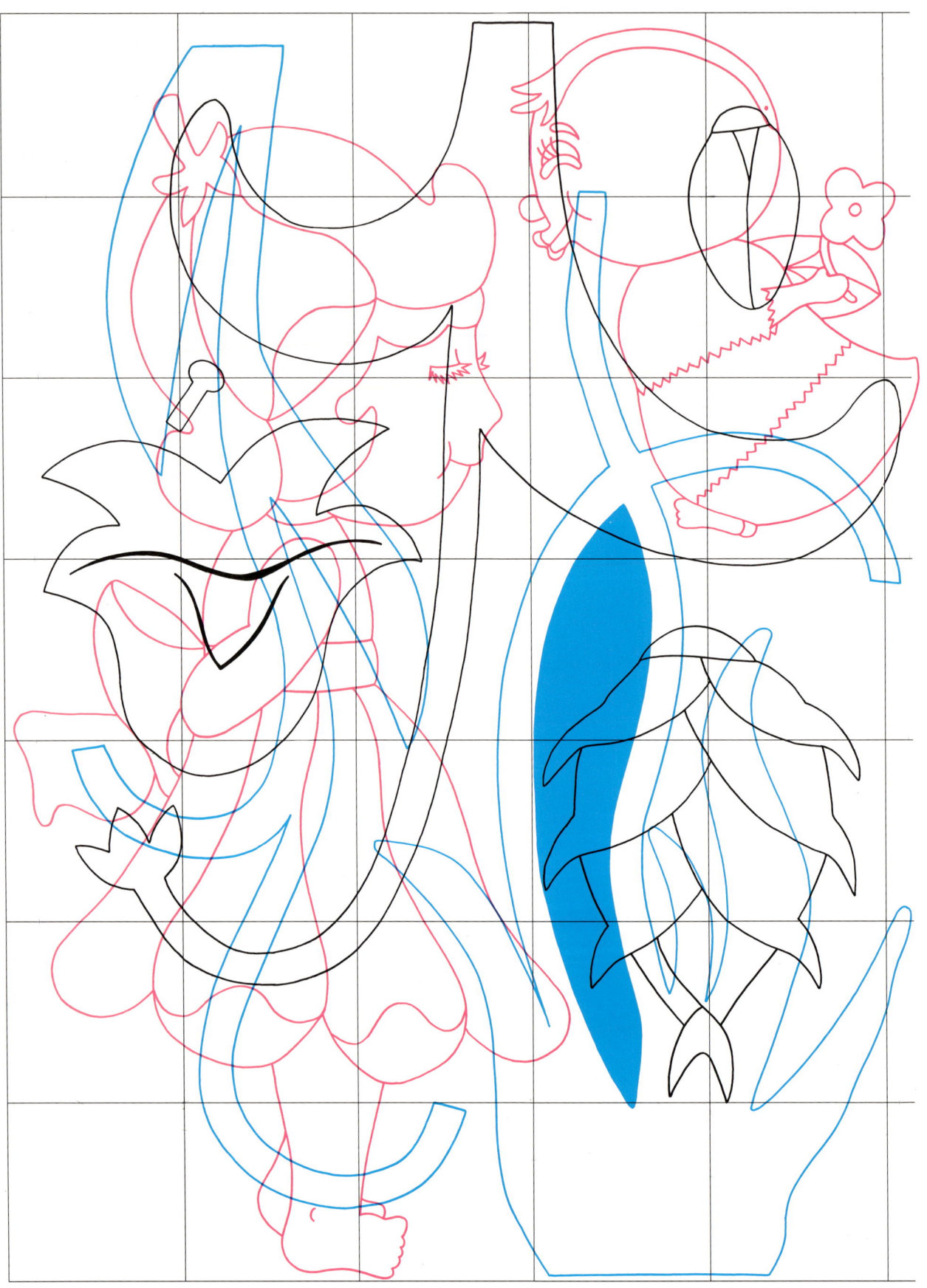

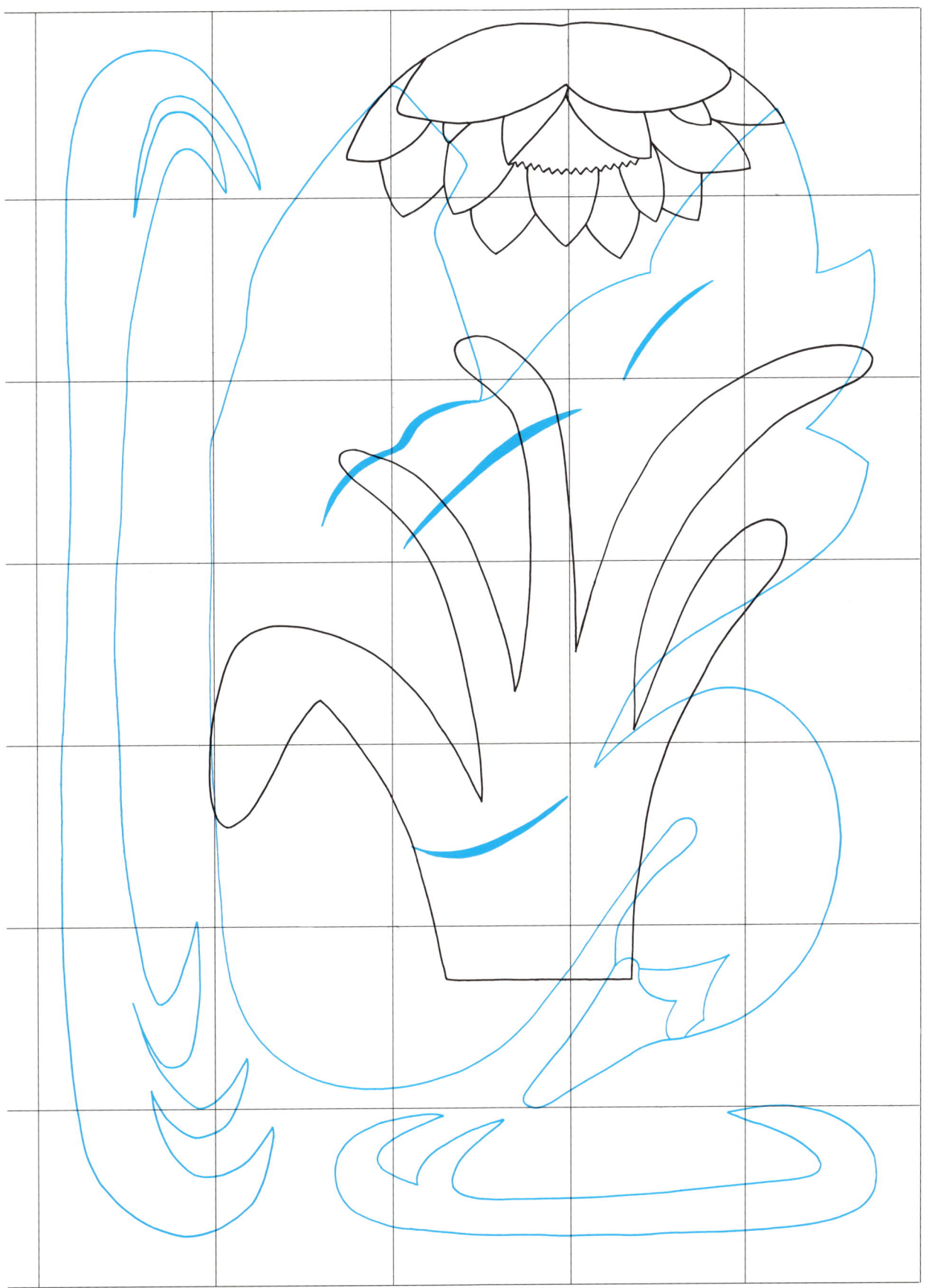

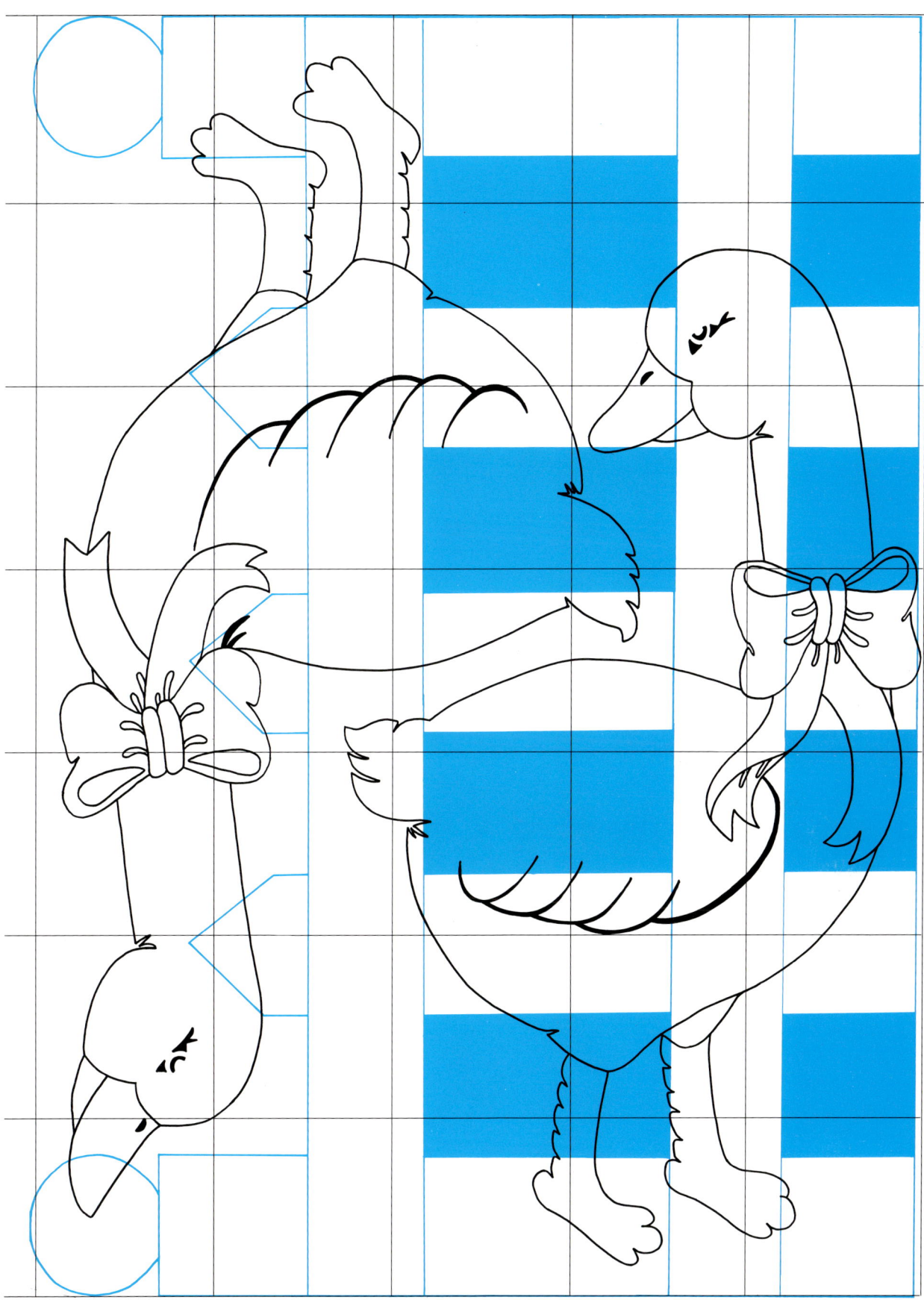

ABC und Zahlen

Mit diesem ABC und den Zahlen können Sie sich individuell die Beschriftungen zu Ihren Fensterbildern zusammenstellen, z. B. einen Gruß, Geburtstagsglückwünsche oder Wünsche zum Weihnachtsfest.
Ihrer Phantasie sind keine Grenzen gesetzt.